JN439910

인간종의 본질

우리는 어떻게 살도록 태어났나?

인간종의 본질

초판 1쇄 인쇄 | 2022년 05월 30일
지은이 | 김동엽
펴낸이 | 이재욱(필명:이승훈)
펴낸곳 | 해드림출판사
주 소 | 서울 영등포구 경인로82길 3-4(문래동1가 39)
센터플러스빌딩 1004호(07371)
전 화 | 02-2612-5552
팩 스 | 02-2688-5568
E-mail | jlee5059@hanmail.net

등록번호 제2013-000076
등록일자 2008년 9월 29일

ISBN 979-11-5634-506-0

우리는 어디에서 왔고,
어떻게 살아가도록 설계되어 태어났을까?

마음을 만드는 인간종의 뇌의 구조와 작동원리, 인간종의 탄생, 동물의 진화, 동물의 탄생, 생명체의 탄생과 진화, 그리고 모든 생명체를 구성하는 물질의 탄생을 아우르는 고찰

해드림출판사

서문

우리는 어디에서 왔고 어떻게 살아가도록 설계되었을까

사회가 빈곤에서 벗어나 사치를 누릴 정도로 경제적인 풍요를 향유할 수 있는 수준으로 발전하면 의당 윤리(협력으로 상호 간에 이득을 얻는 사회적인 동물로서 마땅히 지켜야 할 도리)적인 가치를 중시하는 사회로 진화해 갈 것으로 생각했다. 그런데 오히려 '퇴화하고 있다.'라고 느껴지는 작금의 이해할 수 없는, 여러 형태의 현상들이, 살면서 어렴풋이 느꼈던 '인간종의 본질'과 이와 관련된 여러 가지 의문들을 떠올리게 한다.

우리는 어디에서 왔고, 어떻게 살아가도록 설계되어 태어났을까? 이와 관련된 명제로 우주, 물질의 근원, 지구, 생명체, 진화, 동물, 인간종의 탄생과 역사 그리고 마음을 만드는 뇌, 뇌의 구조와 작동원리 등이 있다.

도서관에 거의 매일 출근하여 성경, 철학, 심리학, 역사, 천문학, 생물학, 뇌에 관한 서적 등을 찾아 읽어보았다. 관련된 명제별로 수많은 전문서적에 수없이 많은 새로운 지식이 기재되어 있음을 새삼 알게 되었다.

내가 가장 오랫동안 관여했던 분야는, 발명한 기술을 평가하여 특허 되게 하고 그 특허가 보호되도록 발명자를 대리하여 돕는 특허변호사라고도 하는 소위 변리사였다.

변리사의 안목으로 인간종의 본질에 관련하여 연구되고 검증된 새로운 지식들을 전문서적에서 뽑아 논리적으로 엮어보니 나름대로 인간종의 본질에 관한 큰 그림이 나왔다. 이에 내가 살면서 얻은 지식을 첨가하여 이 책을 썼다.

취재기자들이 사건의 경위와 실체적인 진실에 연관된 개별 지식을 논리적으로 엮어 사건의 본질을 찾아내는 방식이다.

인간은 누구나 살면서 최소한 한두 번쯤은 인간종의 본질에 대한 의문을 가져 봤겠지만 이에 대한 해답을 쓴 책 들은 모두 부분적이나, 근거가 빈약하거나, 논리적이지 못했다.

인간종의 본질을 논리적으로 설명된 저서가 없는 것으로 보아 아마도 이 분야를 전문하는 학자가 아직은 없었던 것 같다.

만일 그런 저서가 있었더라면 나도 10여 년간의 노력을 절약하고 쉽게 인간종의 본질에 접근할 수 있었을 텐데 하는 아쉬운 생각이 든다.

내가 역어본 '인간종의 본질'을 간략하게 요약하면 아래와 같다.

인간종의 본질은, 모든 동물의 본질이 그러하듯이 생존을 위한 가치(호흡, 체온 유지, 음식, 안전, 번식 등등)를 좀 더 효율적으로 취득하기 위해 살아간다는 범주를 벗어날 수 없다.

먼저 생명체를 구성하는 물질의 탄생으로부터 인간종이 태어나게 되기까지 과정을 살펴보면,

138억 년 전 대폭발(빅뱅) 이후, 2~3억 년쯤 지난 다음부터 별이 탄생하기 시작하였는데, 별은 빅뱅으로 만들어져 우주 공간에 구름 형태로 흩어져 있던 수소(H_2)가, 서로 간의 인력으로 모이고 서로 간의 마찰열로 인하여 온도가 상승하게 되면 2개의 수소원자가 융합하여 헬륨이 만들어진다. 이때 발생하는 핵융합 에너지(수소폭탄이 터질 때 발생하는 에너지)로 열과 빛을 내기 때문에 이때부터 별이 탄생하였음을 감지할 수 있게 된다.

이어지는 핵융합 반응으로 별의 온도가 더 높아지게 되면서 차례로 더 무거운 원소인 탄소, 질소, 네온, 산소, 실리콘, 철, 등 등을 만들다가 한계점에 달하게 되면 별은 폭발하여 수명을 다하게 되는데 이때 폭발로 더 높아진 온도에서 더 무거운 원소인 금, 은, 우라늄, 등이 만들어진다. 지금까지 별에서 만들어진 것으로 알려진 원소의 수는 118개이다(중학교 시절에 배운 원소 주기율표 참조).

별이 폭발 전과 폭발 중에 만들어진 원소들은 우주 공간으로 흩어져 우주 먼지 상태로 있다가 주변에서 새로운 별(태양)이 만들어질 때 이들 우주 먼지는 서로 간의 인력에 의해 모이고 또 모여 별의 위성을 만들게 되는데 지구는 약 45억 년쯤 전에 태양이 만들어진 다음 8천만 년 후에 화성 등 다른 위성들과 같

이 현재의 크기의 지구가 만들어졌다. 참고로 별의 수명은 작을수록 긴데 비교적 작은 크기에 속하는 태양의 수명은 약 100억 년이고 지구의 크기는 무게로 태양의 33만 분의 1 정도로 작은 위성이다.

지구는 별에서 만들어진 원소와 이들이 서로 결합하여 된 공기, 물, 이산화규소(흙, 모래, 돌 등의 주성분) 등의 무기물질로 구성되어있고, 40억 년 또는 35억 년 전에 최초의 생명체인 박테리아가 탄생하게 되었는데 박테리아의 몸체는 지구를 구성하고 있는 무기물질 일부가 서로 다른 방식으로 결합하여 만들어낸 탄화수소를 주축으로 하는 여러 가지 유기물질(유기화합물)들로 구성되어 있다.

생명체(박테리아)는 생존에 필요한 가치인 먹이, 호흡, 물, 번식 등을 좀 더 효율적으로 획득할 수 있는 방향으로 진화에 진화를 거듭하여 진핵세포, 다세포 생물, 동물, 양서류를 거처 파충류에 와서 비로소 생존에 필요한 가치에 직접으로 반응하는 뇌인 '생명의 뇌(가치체계)'를 가진 동물로 진화하게 되었다.

그리고 2억 5천만 년 전~2억 년쯤 전에는 '생명의 뇌'에 추가적으로 1차원적인 의식(현재 상황에 적합한 기억된 장면을 순간적으로 의식하는 능력)을 만들어낼 수 있는 포유류와 조류의 뇌로 진화한 다음 최근 15만 년쯤 전에는 포유류의 1차원적인 의식에 추가적으로 고차원적인 의식을 만들어낼 수 있는 뇌를 가진 인간종이 탄생하게 된 것이다.

그래서 인간종은 별의 자손이라고도 한다.

다음으로 인간종의 본질을 만들어내는 인간종의 뇌의 구조와 기능을 간략하게 살펴보면, 생존 가치에 직접 반응하는 '파충류의 뇌'(뇌간)에 추가적으로, 약간의 대뇌피질과 피질 하부기관(해마, 소뇌, 기저핵)이 추가되고, 뇌간-변연계로 이루어지는 가치체계로 구성되는 '포유류의 뇌'로 진화함으로써 포유동물은 1차원적인 의식을 만들어낼 수 있게 되었다. 1차원적인 의식을 가진 동물은 그렇지 못한 동물보다 생존에 유리하다.

인간종의 뇌는, 포유류의 뇌에 추가적으로 '엄청나게 큰 대뇌피질'이 형성됨으로써 1차원적인 의식에 추가하여 고차원적인 의식인 인간종의 의식(정신 활동의 총체인 마음은 의식에 의존하여 만들어짐)을 만들어 낼 수 있게 되었다.

고차원적인 의식은, '엄청나게 커진 대뇌피질' 안에, 말을 만들어내는 영역 및 말을 하는 영역과 판단과 기획을 하는 영역, 그리고 각종 자극을 섬세하게 구분하고 기억할 수 있는 영역들이 충분히 크게 차지하게 됨으로써 만들어 낼 수 있게 되었다.

고차원적인 의식을 가지게 됨으로써 인간종은 논리적인 사고(자연과 자연법칙을 근거로 하는 사고)를 할 수 있게 되어, 삶의 경험으로 얻은 자연에 관한 지식을 대를 이어 축적해가며 자연법칙을 더 알아내고 이용할 수 있었다. 따라서 인간종은 점차 생존에 필요한 가치를 훨씬 더 수월하게 얻을 수 있게 된 것이다. 특히 논리적인 사고로, 내부와 외부에서 오는 실체가 없이 느껴지는 스트레스를 선별해 내는 등으로 감정을 조절하여 행복을 증진할 수 있게 되었다.

게다가 고차원적 의식의 가치인, 자유(윤리의 범위 내에서의 자유), 윤리(인간종으로서 즉, 사회적인 동물이 되기 위해 지켜야 할 도리), 사회적 가치(사회적 체계, 목표와 목적) 등이 기존 포유동물의 생존 가치에 반응하는 1차원적인 의식의 가치체계에 고차원적인 의식의 가치가 생존 가치와 나란히 가치체계에 추가됨으로써, 인간종은 서로 협력하는 것이 서로에게 이익이 되는 '사회적 동물'이 될 수 있는 여건을 갖추어 상호 협력하는 사회(무리를 이루는 집단)를 이루고 살 수 있게 되었다.

협력하는 사회를 이루고 발전하며 살아가는 데에는 서로 다른 잠재능력을 타고난 개체가, 자유로운 경쟁을 통하여 그 능력을 실현해야 되는데, 자유로운 경쟁에는 공정한 룰(rule)이 필수적이다. 그래서 인간종에게만 자유와 윤리(공정한 룰)를 포함하는 고차원적 의식의 가치가 주어져, 가치체계의 기능에 따라 상호 협력하는 사회를 이루고 살 수 있도록 진화하게 된 것이다.

협력하는 사회는, 개체의 능력에 더하여 집단적인 힘을 만들어 낼 수 있게 된다. 그리고 오래 걸릴 일을 여럿이 나누어 단시일 내에 할 수 있게 되고 게다가, 서로 다른 능력을 지닌 개인 또는 집단이 서로 다른 생필품을 효율적으로 만들어 상호 교환-유통(교역)할 수 있게 됨으로써 생존 가치를 더 수월하게 확보할 수 있게 된다.

교역으로, 생필품, 정보, 지식 등, 생존에 필요한 것들이, 마치 물이 낮은 곳으로 흘러 평준화되듯이 널리 퍼져나가게 됨으로써 인간종의 사회는, 한층 더 높은 차원의 생존 가치를 쉽게 도

모할 수 있게 되는 넓은 사회로 확대-발전해 갈 수 있게 되었다.

이로써 인간종은 동물과 다름없는 원시생활에서 출발하여 불과 15만 년이라는 짧은 기간 동안에 오늘날의 풍요를 누리는 수준까지 발전하게 되었고 앞으로도 지속적으로 발전할 것이다. 앞에서 말한 생존 가치에 직접 반응하는 '생명의 뇌'의 기능(가치체계의 기능)은, 가치를 얻거나 충족하게 되면 뇌에서 '엔도르핀'과 같은 '감정의 분자'를 만들어 전신에 분비하게 된다. 따라서 기쁨이나 행복감을 느끼게 되고 자율신경계도 활성화하게 하는 반면, 역으로 방해나 위협에 직면하게 되면 온몸의 힘으로 이에 대처하기 위하여 '아드레날린'과 같은 스트레스를 유발하는 '감정의 분자'가 뇌에서 만들어져 전신에 분비하게 됨으로써 혈압과 맥박을 높이는 등으로 힘을 집중할 수 있게 하는데, 이 시간이 길어질수록 자율신경계의 활동에 지장을 초래하는 등 심신의 건강에 해를 끼치게 된다.

고차원적인 의식을 가진 인간종은, '가치(1차 및 고차원적인 의식의 가치)'를 얻으면 기쁘고, 행복하며 건강할 수 있고, 역으로 이에 방해나 위협에 직면하게 되면, 스트레스를 받아 몸과 마음의 건강에도 해롭게 된다는 것을 느끼게 하는 고유한 특성을 가진 것으로 보아, '인간종의 본질은' 자연법칙에 의하여 주어진 1차 및 고차원적 의식을 가진 사회적인 동물로서, 1차 및 고차원적 의식의 가치에 반응하는 가치체계에서 만들어주는 감정에 따라 가치를 획득하려는 방향과 역으로 이에 방해나 위협은 피하는 방향으로 살아가도록 고차원적인 의식에서 주어진 논리적인 사고를 통하여 1차 및 고차원적인 의식의 가치를 수월하게 성취해가며 감정도 적절하게 조정할 수 있게 됨으로써 풍요와 행복을 추구하며 살아가도록 창조된 것임을 알 수 있다(참고자료 10에 의하면 인간종의 뇌에서 분비하는 마음을 조절하는 '감정의 분자'는 알려진 것만 해도 200가지가 넘는다).

성인, 도사, 등 선지자들은 아마도, 삶의 경험을 통하여 '감정의 분자'의 분비에서 비롯되는 여러 느낌을 통해, 남(같은 무리)을 돕는 즐거움을 느끼며 행복하게 사는 것이 사회적인 동물로서의 삶의 본질임을 깨닫게 되고 게다가 어렴풋이나마 남을 돕는 것이 나에게도 이롭다는 것을 알게 되어, 남도 나처럼 여겨 배신하는 경우에도 용서하고 포용하여 협력관계를 유지하며 살라는 요지의 교훈을 남기게 되었을 것으로 생각된다.

선지자들과 같이, 삶의 본질과 느낌을 통하여 터득한 평범한 백성들도, 남의 생존의 가치를 훼손시키는 것은 자신에게도 해롭다는 것을 알고, 남에게 잘못하지 말라는 취지의 속담, 예를 들면 '되로 주고 말로 받는다', '남의 눈에 눈물 나게 하면 제 눈에는 피눈물 나게 된다.'라는 등 남을 이롭게 하며 살아야 나도 이롭게 된다는 뜻을 내포한 교훈적인 속담이 수없이 만들어져 오랫동안 전해왔던 것으로 보인다.

게다가 인간이 인간종의 본질인 성인, 도사의 가르침에 따라 사는 것이 긴 안목에서 볼 때 자기 자신에게도 이롭게 된다는 사실은 최근에 수학적인 방식으로도 입증된 바 있다(참고자료 14 초 협력자).

그럼에도 불구하고, 인간종의 비교적 짧은 역사 속에서 흔하게 보여주고 있었던, 인간종의 본질에 어긋나는 '병적인 가치' 예를 들면 지배욕(남을 복종시키고 지배하려는 욕심), 탐욕(지나치게 탐하는 욕심) 등의 말초신경적 만족을 인간종의 본질인 가치라고 착각하거나, 자유와 윤리라는 인간종의 본질적인 가치를 무시한 채 '망상적인 가치'에 이념이라는 틀을 씌워 실현하겠다며, 협력으로 상호 간에 이익을 도모하도록 창조된 동종 인간들의 생명을 앗아가거나 불행에 빠뜨림으로써 결과적으로 자신들도 불행하게 되거나 해롭게 되는 자해-자살적인 무모한 행위 등은, 자연법칙에 의하여 주어진 인간종의 본질에 무모하게 역행하는 것이 되므로 자연스럽게 퇴화할 수밖에 없다.

이와 같은 반 자연적이며, 병적이고 망상적인 가치는 인간종 마음의 역사에서, 자연스럽게 퇴화하는 과정에 있다는 사실도 '우리 본성의 선한 천사'에 수록된 근거들에 의해서 잘 입증되고 있다(참고자료 12).

이상의 사실들로 미루어보아 인간종의 삶의 본질은, 창조주께서 인간종에게 주어진 '가치(1차 및 고차원적인 의식의 가치)'를 충족해가는 쪽으로 동시에 '가치'의 충족을 방해하거나 위협은 피하는 쪽으로 살아감에 있어, 논리적인 사고를 수단으로 활용하여 풍요와 행복을 추구하며 살아갈 수 있도록 진화-설계된 인간종의 뇌를 가지고 살도록 창조된 것임을 알 수 있다.

따라서 머지않은 장래에, 창조주가 만들어 놓은 자연법칙에 따라 인간종에게 주어진 가치(1차 및 고차원적인 의식의 가치)를 논리적인 사고를 통하여 효율적으로 추구하는 인간종의 수가 점진적으로 증가하게 될 것이다. 그래서 그 수가 어느 수준을 초과하게 되면, 인간종은 풍요롭고 행복하며 평화롭게 살 수 있는 사회, 다시 말하면 주기도문에 나오는 '하늘에서의 뜻이 땅에서도 이루어지는' 사회에서 살게 될 것이다.

이 책에 내용이 어려운 것은 없으나 학교, 가정, 사회 등의 교육과정에서 배우지 못한 생소한 것들이 많은 데다가, 전문가도 아니고 글쟁이도 아닌 필자가 처음으로 엮어낸 책이라 쉽게 읽어 내려가기가 어려워 보일 수 있다.

요약해 놓은 본문 앞 '들어가며'를 읽고 전체의 맥락을 파악한 다음 본문을 보면 도움이 될 것이다.

2022년 2월

저자 김동엽

감사의 말

인간종의 연구진에게 감사

이 책은 그동안 많은 과학자에 의하여 연구되고 검증된 내용이 담긴 책들을 읽고, 그중에서 필자가 살면서 궁금하게 생각되었던 명제와 관련된 내용을 찾아 엮어낸 것입니다.

'인간종은 어떻게 살도록 창조주께서 만들어냈을까?'라는 주제에서 차례로 거슬러 올라가 마음을 만드는 인간종의 뇌의 구조와 작동원리, 인간종의 탄생, 동물의 진화, 동물의 탄생, 생명체의 탄생과 진화, 그리고 모든 생명체를 구성하는 물질의 탄생 등과 관련하여 연구되고 검증된 내용을 책으로 만들어 펴내 주신 저자와 그 책을 번역하고 발행하는 데 관여하신 모든 분에게 감사드립니다.

만일 이분들의 연구가 없거나 책으로 발행되지 않았거나 번역되지 않았으면 필자의 의문도 풀지 못했을 것이고 이 책도 없었을 것입니다.

이 책을 읽고 공감하는 독자들과 함께 내가 참고한 저서의 저자와 번역하여 발행하는 데 관여하신 분들에게 다시 한 번 진심으로 감사의 말씀을 드리고자 합니다.

이 책이 계기가 되어 좀 더 읽기 쉽고 이해하기 쉽고 기억하기도 쉬운 알찬 저서들이 많이 나와 인간종으로서 나름대로 본질을 이해하고 살고자 하는 분들에게 도움을 주었으면 합니다.

끝으로 이 책을 내는데 직접적인 도움을 주거나, 관심과 격려 또는 구체적인 조언을 해주거나, 건강을 염려하며 챙겨준 가족과 친지들에게 깊은 감사를 드립니다.

2022년 저자

차례

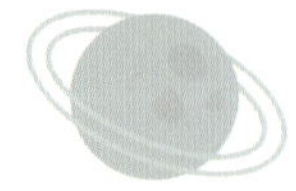

2부 인류의 기원과 역사 · 103

3부 인간종의 본성 · 121

들어가며

옛날 아주 오랜 옛날 138억 년 전에, 100억 광년이나 떨어진 먼 곳에서, '빅뱅(big bang)'이라고 하는 큰 폭발이 일어나기 전의 우주는, 어둡고 찬(섭씨 −273도, 절대 영도) 텅 빈 공간에, 알 수 없는 미지의 에너지만 가득 차 있었다.

우주에 물질이 처음으로 탄생하게 된 것은, 우주에 있던 미지의 에너지 중 약 30%가 '빅뱅'이라는 큰 폭발로 '에너지는 물질로, 물질은 에너지로' 상호 전환될 수 있게 만든 자연법칙에 따라, 미지의 에너지가, '미립자' 물질과 복사의 혼합물로 전환되었기 때문이다.

빅뱅에 의하여 탄생한 '미립자(원소의 핵을 이루는 가장 기본적인 미립자인 쿼크(quark) 등))'와 '복사(radiation)'의 혼합물은 약 40만 년이 지난 후, 미립자들이 서로 뭉쳐 수소 원소가 되자 '미립자' 사이 공간에 갇혀 있던 '복사'는 우주 공간에 퍼져 나와 오늘날 지구에까지 도달하여, 방송이 없는 빈 TV 채널에서도 잡음과 흰점으로 감지되고 있다.

한편 수소 원소는, 우주 공간으로 퍼져나가 우주에 구름 상태로 떠 있다가 서로 간의 인력(만유인력의 법칙)으로 점점 크게 뭉쳐, 서로 간의 마찰열로 내부 온도가 섭씨 일천만 도 정도로 올라가게 되면, 2개의 수소 원소가 융합되어 하나의 헬륨 원소가 되는데, 이때 소량의 질량 손실이 일어나게 된다.

손실된 질량은, 그에 상응하는 에너지(열과 빛)로 전환하여 빛을 발산하게 되는데 그 빛이 우리의 눈으로 감지되는 별(항성)이다.

두 개의 수소가 융합하여 헬륨이 생성될 때 발생한 손실되는 물질이 이에 상응하는 에너지로 전환되는 소위 '핵융합 에너지'는, 수소폭탄이 폭발할 때 발생하는 폭발에너지로 우리에게도 잘 알려져 있다.

별이 만들어지기 시작한 시기는, 빅뱅 이후 약 2~3억 년이 지난 다음부터이고, 큰 별의 수명은 짧고 작은 별의 수명은 긴데 중간치보다도 작은 편인, 태양의 수명은 약 100억 년이다.

수소가 타서(원자가 핵융합 반응으로 수소 배수 단위로 큰 원소로 되는 반응) 별이 만들어지는 반응이 지속되면서 별 내부의 온도가 올라가면 올라갈수록, 수소가 타서 헬륨이 되듯 작은 원소들이 수소의 배수 단위의 크기로 차례로 큰 원소가 만들어지다가, 어느 한계에 이르게 되면 별은 폭발하면서 은, 금, 우라늄 등 무거운 원소들까지 만들고 흩어져 수명을 다 한다(그림 3 참조).

이때 타고 남은 수소는, 우주에 흩어져 구름 상태로 있다가 다시 뭉쳐 별이 되는 순환을 일으키며 별은 탄생과 죽음을 반복한다(그림 5 참조).

현재 우주상에 남아 있는 별은 약 일천억 개의 별로 이루어진 별의 군단이, 천억 개나 된다.

태양이 속해 있는 별의 군단인 은하는, 비교적 큰 군단으로 약 2천억 개의 별로 이루어져 있다.

지구와 같은 별의 위성이 탄생할 수 있었던 것은, 지구에 있는 모든 물질의 기본이 되는 모든 원소(현재까지 공인된 원소 : 118개)가 모두 별에서 만들어졌기 때문이다.

별에서 원소를 만드는 과정을 조금 더 설명하면, 별의 내부에서 가장 작은 원소인 수소가 타서 2배로 큰 원소(헬륨)를 만드는 '핵융합 반응'으로 1억도 보다 더 높아지게 되면, 헬륨이 타서 더 큰(무거운) 원소인 탄소, 질소 등을 만들고, 좀 더 높아지면, 탄소가 타서 네온과 산소 등을 네온이 타서 규소 등 더 큰 원소를 만들다가 10억 도 정도로, 높아지면, 규소가 타서 철이 만들어지게 되는데, 철보다 더 큰 원소를 만들 정도로 높아지기는 어렵기 때문에 철이 별의 중심부에 계속 쌓여 중심부의 압력이 높아지게 되는데, 별이 이 압력을 감당하지 못할 정도가 되면 별은 폭발하게 된다.

폭발로 인해, 온도가 더 높아지면 비로소 금, 은, 우라늄 등 더 큰 원소들까지 만들어져, 별에서 만들어진 모든 원소는 우주 공간에 우주 먼지 상태로 흩어지게 된다.

이와 같이 별이 폭발과정에 있는 별은, 훨씬 더 큰 불꽃으로 관찰되기 때문에 '초신성'이라 부른다(그림 4 참조).

태양의 33만 분의 1 정도에 불과한 아주 작은 무게를 가진 지구는, 46억 년 전쯤 태양이 만들어질 때 태양 주변에 있던 우주 먼지 상태로 있던 별에서 만든 원소들이, 인력에 따라 모이고 또 모여 45억 년 전쯤에 지금의 크기의 지구가 화성 등 다른 여러 위성과 같이 탄생했다.

달은, 지구 탄생 이후 대략 1~2억 년 뒤에 화성 크기의 반 정도 되는 외부 천체(테니아)와 충돌하여 지구의 일부가 같이 떨어져 나가 지구의 약 50분의 1의 크기에 불과 한 달이 되었다.

지구에서, 태양까지는 빛의 속도로 약 8분 거리이고, 달까지는 약 1초 거리이다.

지구에 있는 모든 물질은, 별에서 만들어진 원소들로 이루어져 있다.

바위, 돌, 모래, 흙 등의 주성분은 규소와 산소가 결합하여 된 '이산화규소'이고, 공기는 질소와 산소의 혼합물이며, 물은 산소와 수소가 결합한 화합물이다.

나무와 풀등 식물은, 탄소와 수소가 결합된 '탄화수소'의 일종인, 섬유소가 주성분이고 동물은, 각종 '탄화수소'를 바탕으로 소량의 산소, 질소, 황, 인, 칼슘, 등등이 결합하여 만들어진 다양한 화합물들로 몸체를 이룬다.

그래서 '우리 인간종을 별들의 자손'이라고도 한다.

지구는, 수많은 별의 위성 중에서, 태양과 적당한 거리를 두고 있어, 생명체가 탄생되고 생존할 수 있다. 지구가 태양에 더 가깝게 있었더라면 너무 뜨겁고, 너무 멀리 있었더라면 너무 추워 생물이 살 수 있는 온도 범위를 벗어난다.

게다가, 지구는 적당한 크기의 '중력'이 있어, 지구에서 생물이 탄생하고 생존할 수 있도록 공기를 잡아 지표상에 공기층을 형성할 수 있게 된다.

또한, 지구 내부에는 두께 1.800km의 반유동체인 외핵과 1.200km의 외핵이 응고하여 된 '고체상태의 내핵'이 있는데, 외핵은 전기 전도체(철과 니켈)인 데다가 지구가 자전하기 때문에 내핵을 중심으로 회전하면서, 도체가 운동하면 자장과 전기를 일으킨다는 자연법칙(프레이밍의 왼손 법칙)에 따라, 지구에는 지구 자장이 형성되어 있다.

지구 자장은, 지구로 날아드는 우주선(우주에서 지구로 날아오는 고에너지 방사선)을 비켜 가게 하여 지구 내 생명체를 보호한다.

외핵 위에는, 두께 2.800km의 반유동체인 '맨틀(mantle)' 층이 있는데 이 층에는 우라늄, 토륨, 등 무거운 원소가 '핵분열 반응(원자폭탄이나 원자력발전에 이용되는 반응)'으로 열을 만들어 외핵에 공급한다.

맨틀 층 위에는 두께 100km 정도인 10여 개의 쪽으로 분리된 '판(plate)'이 있고, 그 판 위에 지구의 최 외각인 두께 5~35km인 '지각(earth crust)'이 있다.

반유동체 상인 맨틀 층은, 층 내부의 온도 차이 때문에 일어나는 대류 현상으로 움직이게 되는데 이에 따라 맨틀 층 위에 떠 있는 판이 움직이게 되어, 지진-화산활동 등을 동반하면서, 5억 년을 주기(윌슨 주기)로 대륙이 모였다가 흩어지는 현상이 일어난다. 이를 '대륙 이동'이라고 부른다(그림 7 참조).

화산가스를 분석해보면 수증기가 약 87%인데, 초기 불덩이였던 지구의 표면이 냉각되면서 수증기가 응축하여 된 물이, 지표상의 낮은 곳에 모여 바다가 된 것이다. 물은 지구 중량의 0.1%에 불과하지만, 생명체가 탄생하고 생존하는 데 있어 또 하나의 필수요건이다.

넓고도 넓은 우주 안에, 수많은 행성(별의 위성) 중에서 오직 하나 지구만이, 생명체가 탄생하고 생존(진화)할 수 있는 조건을 모두 충족하게 만든, 창조주의 뜻을 한 번쯤 헤아려 보는 것도 좋을 것 같다.

별에서 만들어진 원소(원자핵과 전자로 구성됨)는, 서로 전자를 공유하거나 주고받는 등의 수단으로 결합(협력)하여 화합물(공동체)이 됨으로써, 상호 간에 안정성(이익)을 얻는 성질을 가지고 있다.

이들 공동체는, 주어진 조건에 따라, 역으로 분해 반응을 일으키기도 하는데, 결합 또는 분해 반응은 반응계의 안정도가 커지는 방향으로 일어나는 가역 반응(reversible reaction)이다.

이와 같은 자연법칙에 따라, 원시 바다에는, 별에서 만들어진 수소, 산소, 탄소, 질소, 들이 안정성이 높은 수소분자(H_2), 암모니아(NH_3), 메탄(CH_4), 탄산가스(CO_2), 산소 분자(O_2) 등으로 결합되어 물에 녹아 있었을 것이고, 이들 화합물은 높은 온도(섭씨 80도)에서 천둥 번개가 동반하는 상황에서 서로 접촉하여 더 큰 분자인 아미노산, 당, 지방산, 뉴클레오티드 등을 만들어 낼 수 있었을 것이다.

이러한 가설은, 1955년 미국의 과학자 밀어(S. L. Miller)가 원시 지구 환경을 모방하여 만든 실험으로 입증하였다.

아미노산이 중합(한 종류의 단량체가 두 개 이상 결합하여 배 이상 큰 분자량의 화합물이 되는 반응)하면 단백질이 되고, 뉴클레오티드가 길게 중합하면 유전자(DNA는 두 가닥의 RNA가 나선 모양으로 꼬인 것,)의 한 가닥인 RNA(Ribonuclic acid)가 된다. 최근 RNA 코로나 예방접종 주사제가 개발됨으로써 RNA라는 용어는 우리에게도 친숙하게 되었다.

RNA는, 그의 특유의 서열에 따라 아미노산을 지정하고 중합시켜 그 서열에 해당하는 단백질(아미노산 중합체)을 합성할 수 있고 자신을 복제도 할 수 있으며 RNA를 합성하는데 촉매작용도 할 수 있다.

자기 복제가 가능하게 된 시점을 원시 생명체의 탄생 시점으로 본다면 이때부터 진화가 이루어졌다고 볼 수 있다.

진화를 자연선택이라고도 말하는데, 자연이 의식이 있어 무엇을 선택한다는 뜻이 아니다.

진화란, 생물계에서의 복제는 불변의 자기를 복제하는 것이 아니라 항상 조금씩 다른 복제물(자손, 이를 변이라 함)이 만들어지게 마련인데, 이들 변이 중에서 자연환경에 더 적합한 개체(변이)가 더 많이 번식하여 개체군(무리)을 이루고 살게 된다는 뜻이다.

RNA는 40억 년 또는 35억 년 전에 박테리아로, 30억 년 전에는 시아노박테리아로, 15억 년 전에는 진핵세포(세포핵을 둘러싸는 핵막이 있는 세포)로, 10억 년 전에는 다세포 생물로, 5억 5천만 년 전에는 동물로 각각 진화하였다.

이 과정을 살펴보면,

RNA가 유실되는 것을 방지하기 위하여 막(세포막)을 형성하는 것이 유리했을 것이고, 비교적 약한 결합으로 이루어진 한 가닥인 RNA보다는, 안전상 두 가닥이 상보적인 나선 모양으로 구성하여 저장되는 것이 유리했을 것이다(그림 9 참조).

그래서 생긴 세포막 내에 DNA를 구비한 원시 생물이, 여타 세포 보조 기관 들을 추가하는 진화로, 박테리아(최초의 생명체)를 탄생하게 된 것은, 그리 어렵지 않았을 것이다.

박테리아는 20분에 2배씩 기하급수적으로 늘어나기 때문에 먹이(에너지를 유기물을 분해에서 얻음, 예, 대장 내에 사는 대장 박테리아(대장균 등)가 부족해지자, 햇빛과 탄산가스와 물로 유기물을 체내에서 합성하여 에너지로 쓰고 사는 시아노박테리아가 30억 년 전에 탄생하여 크게 번창하였다.

시아노박테리아가 유기물을 체내에서 합성하는 과정에서, 산소(O_2)가 부수적으로 발생하게 되는데 시아노박테리아가 번창하게 됨에 따라 공기 중의 산소의 농도가 증가하게 되었다.

산소의 농도가 증가하게 되자, 산소를 이용하여 유기물을 분해함으로써, 에너지를 훨씬 더 효율적으로 만들어 이용하는, 호기성 박테리아가 탄생하게 되었다.

한편, 박테리아는 그 기능 증가에 따라 DNA가 늘어나게 되자 15억 년 전에는, DNA 뭉치인 핵을 안전하게 보유하기 위하여 핵막을 가진 소위 진핵세포로 진화했는데 진핵세포는 박테리아보다 1.000배 이상 더 크다.

우연인지 필연인지 호기성 박테리아가, 먹이를 찾아 진핵세포에 침입했는데, 진핵세포는 그를 몸에 흡수하여 먹이를 주고 에너지를 만들어 받는 협력-공생관계를 형성하는 세포가 되었다.

이 세포와 호기성 박테리아가 오늘날의 동물 세포와 세포 내에서 에너지를 만드는 미토콘드리아가 된 것이다.

호기성 박테리아와의 협력-공생만으로, 만족하지 못하고 시아노박테리아와 협력-공생하게 된 세포는, 오늘날의 식물 세포가 되고 시아노박테리아는 세포 내에서 에너지를 만드는 엽록체가 되었다.

10억 년 전에는, 똑같은 유전자를 가진 실질적으로 동일한 세포들끼리 모여 신경계, 호흡, 소화, 배설, 이동, 등 생존에 필요한 서로 다른 역할을 수행하게 되는데, 이때 세포들은 자기가 가지고 있는 유전자 중에서 자기에게 주어진 기능을 수행하는데 필요한 유전자만을 발현하여 각기 다른 기능을 수행하는 세포 협력 공동체 즉, 다세포 생물이 탄생하게 되었다.

똑같은 유전자를 가진 실질적으로 똑같은 세포가 어느 위치에 가게 되느냐에 따라 신경, 호흡, 소화, 배설, 이동 등의 생존에 필요한 기능을 나누어서 하게 되는 다세포 생물의 협력체계는, 인간사회에서 누가 어느 자리에서 일하게 되든지 간에 그 자리에 주어진 기능을 수행할 수 있게 되는 것과 같은 이치의 협력체계이다.

위치에 따라 역할이 정해지는 세포들 사이에서나, 일하는 자리에 따라 주어지는 서로 다른 역할을 하는 사람들 사이에 귀천이 있을 수 없다. 귀천의 구별이 없는 협력-상생체계는, 다세포 생물계에서부터 시작된 생물계의 삶의 기본이다.

다만, 주어진 위치에서 주어진 역할을 잘 수행하면 귀한 존재가 되고 잘못 수행하면 천한 존재가 되며, 공동체에 해로울 정도로 심한 잘못을 하는 경우에는 자연법칙에서 정해진 절차에 따라 퇴출 대상이 될 뿐이다.

동물은, 5억 5천만 년 전쯤에 다세포 생물에서 진화하였다.

동물의 역사는, 화석의 변천이나 지질학적인 사건을 바탕으로 하여 구분되는 지질 연대(그림 10, 지질학적 시간 척도 참조) 별로 나누어 쓰이는데, 고생대 캠브리아기의 동물의 대폭발로 시작하여 멸종과 진화를 반복하면서 오늘에 이르게 되는 과정이다.

캠브리아기(5억 4천 2백만 년 전~4억 9천 8백만 년 전)에 동물은 폭발적으로 증가하였다. 이 사실은, 캐나다 제버스와 중국 첸장 지역에서 발굴된 화석에 의하여 알려졌다.

여기에서 발굴된 화석들은, 현존하는 동물의 시조 격인 절지동물과 연체동물 그리고 척추동물의 조상으로 보이는 척색동물(chordate, 배에 척삭이 형성되어있는 동물)등의 화석이, 캐나다 제버스에서 150종, 중국 첸장에서 195종에, 도합 10만여 점이나 된다.

캠브리아기의 동물의 대폭발기에 비교적 높았던 공기 중의 산소 농도는, 캠브리아기의 끝자락에 가서 갑자기 낮아지는데, 이 시기와 캠브리아기의 동물 멸종 시기와 일치하는 것으로 보아, 산소 농도의 저하가 동물을 멸종시킨 것으로 여겨진다.

공기 중의 산소 농도는, 식물이 햇빛 에너지를 이용하여, 탄산가스와 물을 결합시켜 탄화수소를 만들어내는 소위 '탄소 동화작용'의 과정에서 부산물로 만들어지는 산소의 양이 많아지면 높아지고, 산소가, 탄화수소와 결합하여 탄산가스와 물이 되는 반응(또는 연소)에 쓰이는 산소량이 많아지면, 공기 중의 산소 농도가 낮아진다.

예를 들어, 생명체(나무 등)를 구성하는 주요 원소인 탄소는, 생체가 매장될 때 같이 매장되었다가 생체가 공기 중에 노출되어, 공기 중의 산소와 결합하는 양이 많아지게 되면 공기 중의 산소 농도가 낮아지게 된다.

산소 농도가 20% 이상에서 번성했던 동물들이 15% 이하로 낮아질 때, 호흡기계의 진화로 공기흡입 기능이 높아진 동물은 살아남고, 나머지는 대부분 멸종된다.

동물의 역사에서, 산소의 농도 변화에 따라 진화와 번창 그리고 멸종하는 시기가 반복되었다(그림 11 버너 곡선 참조).

캠브리아기에 이어지는 오르도비스기(4억 9천 8백만 년 전~4억 4천 3백만 년 전)의 대멸종(5대 멸종 중 첫 번째)은 산소 농도가 15% 수준으로 하락한 데 기인했고, 데본기(4억 1천 6백 년 전~3억 5천 9백 년 전)의 대멸종(5대 멸종 중 두 번째)도 산소 농도가 25%에서 12% 수준으로 하락한 데서 비롯되었으며, 페름기(2억 9천 9백만 년 전~2억 5천 1백만 년 전) 대멸종은, 석탄기(3억 5천 9백만 년 전~2억 9천 9백만 년 전)에 뿌리가 얕은 원시 나무가 무성했던 대륙이, 대서양이 닫히는 대륙 이동으로 서로 충돌하게 되었는데, 그 충격으로 쓰러지고 매몰되었던 원시 나무의 일부가 노출(나머지는 석탄이 됨)되어 산소와 결합하여 된 탄산가스가 공기 중에 대량으로 방출된 데다가, 메탄가스까지 방출되어, 북극의 얼음이 모두 녹는 지구온난화가 일어났고, 게다가 산소 농도도 35% 수준에서 12% 수준으로 떨어지게 되었다.

이로 인하여 동물의 90%가 멸종하는 동물 역사상 최대 멸종(5대 멸종 중 세 번째)이 있었다.

트리아스기(2억 5천 1백만 년 전~1억 9천 9백만 년 전) 중 산소 농도가 비교적 낮은 시기에 덩치가 큰 파충류 등이 멸종(5대 멸종 중 네 번째)된 반면, 먹으면서 호흡이 가능하고, 횡격막으로 공기를 힘차게 흡입하여 호흡하는 포유류가 파충류로부터 진화되었다.

쥐라기(1억 9천 9백만 년 전~1억 4천 6백만 년 전)에는 트라아스기의 멸종에 무난히 살아남은 공룡이 번성했고, 공룡으로부터 조류가 진화했다.

네발 달린 초식공룡, 하늘을 나는 익룡 등, 공룡의 시대가 1억 5천 년가량 지속되는 기간, 포유류는 쥐만 한 크기였다.

백악기(1억 4천 6백만 년 전~6천6백만 년 전)에, 다시 산소 농도가 높아져 육지에서는 속씨식물(씨앗이 과육 속에 파묻혀 있는 식물)이 번창하였고, 바다에서는 동물성 플랑크톤(물 위에 떠서 사는 부유생물로 수중생물의 식량원이다)인 유공충이 번창하였다.

유공충은 매몰-분해되어 석유와 천연가스 등으로 매장되어, 오늘날 에너지 자원으로 유용하게 쓰이고 있다.

백악기는, 6천 6백만 년경 직경 10Km나 되는 소행성이, 멕시코 '유카탄 반도'의 '칙술루브' 지역에 떨어졌는데, 그 충격과 열로 크고 작은 암석 방울이 만들어져 공중에 퍼졌다가 주변에 떨어지고, 작은 먼지는 물방울과 섞여 대기권으로 퍼져나가 50만 년 이상 공중에 떠서 햇빛을 막아, 지상의 공룡 등 덩치가 큰 동물들이 전멸되는 대멸종(5대 멸종 중 다섯 번째)으로, 백악기가 마감되었다.

신생대(6천 6백만 년 존~현재)에는, 덩치가 큰 공룡이 사라지자 공룡이 차지하고 있던 생태적 지위를 포유류가 대신하게 되어 오늘에 이르게 되었다.

포유류가 부상하게 된 것은 특히 산소 농도가 오늘날 수준으로 상승된데 따른 것이다(그림 11 버너 곡선 참조).

태반 번식하는 포유류는, 산소 농도가 12~13%(고도 4.200m 수준) 이하에서는 번식이 불가능하다. 태아는 어미의 동맥혈보다 산소가 작을 수밖에 없어 태아 양육이 불가능하기 때문이다.

또한, 포유류의 뇌신경 세포는 비교적 산소를 많이 필요로 하기 때문에 저 산소 수준에서는 신경 세포를 부양하는데도 어려움이 있다.

포유류(포유 강)에 속하는 인간종은, 국제학술적으로 통일되어 쓰이고 있는 칼 폰 린네(1707~1778)의 생물분류기준에 따라 분류하면, 생물 중에서 동물계에 속하고 그중에서 척추동물문, 포유 강, 영장 목, 유인과 호모 속에 속하는 호모 사피엔스 종족, 인간종이다.

호모 속의 조상은, 현재까지 알려진 화석에 의하면 350만 년 전 아프리카에서 발견된 두개골 용량이 약 500cc인 '오스트랄로피테쿠스'이다.

호모 속은 두개골 용량이 650cc인 '호모 에렉투스' 등을 거쳐 창조주의 최종목표로 보이는, 두개골 용량 1.400cc인 '호모사피엔스' 종(인간종)이 약 15만 년 전에 진화-탄생하였다(그림 12).

인간종이, 무한한 잠재능력을 가진 것으로 보아 더 이상의 능력을 지닌 새로운 종이 생길 수 없어 보이며, 설사 그런 변이가 태어난다 해도, 기득권을 가진 인간종의 방해를 받아 개체군(집단)을 만들 수 없을 것이기 때문이다.

인간종은, 동아프리카에서 태어나 7만 년 전쯤 아라비아반도를 거쳐 유라시아 전체로 급속히 퍼져나가 3만 년 전에는 동시대에 같이 살던 덩치도 크고 힘도 센 '네안데르탈인' 종을 멸종시키고 전 세계를 장악했다.

인간종은, 언어를 구사하여 협력 집단을 구성하고, 지식을 공유하여 축적하게 됨에 따라, 수렵채취 생활에서 벗어나 가축을 기르고 곡식을 재배하는 농업혁명을 일으킨 다음, 배를 만들어 해로를 통한 교역을 확대하여 부를 축적하는, 상업혁명을 일으켰다.

그리고 화력이 뛰어난 석탄을 새로운 에너지로 사용하여 산업의 쌀이라고 할 수 있는 철을 싼값으로 대량 생산하게 됨에 따라, 새롭고 다양한 철제 기계와 그 기계를 이용한 산업생산품들을 대량 생산하여 널리 사용하게 되는 소위, 산업혁명을 이루어 농경사회에서 산업사회로 진화하게 됨으로써 오늘날의 풍요를 이루게 된 것이다.

인간종의 무한정한 잠재능력으로 보아, 머지않은 장래에 현존하는 에너지, 식량, 질병, 기후, 등의 문제를 해결하게 되고 자해-자멸에 해당하는 투쟁과 반목에서 벗어나, 자유와 윤리와 사랑 등의 고차원적인 의식의 가치가 중시되는 선의의 경쟁으로 무한한 잠재능력을 실현시켜 나아가게 될 것이다.

이를 실현해 가는 데는 과학의 발전과 궤를 같이하는 논리적인 사고로 '핵융합 에너지'를 개발하여 풍족한 에너지를 활용하는 등. 의, 식, 주 등 생존을 넘어 풍요를 누리게 되고, 감정도 적절하게 조정할 수 있게 됨으로써 행복하며 평화로운 사회를 만들어나가게 될 것이다.

그때가 되면 인간종은, 건강하게 장수하는 방법도 찾아내어 인간종이 천사처럼 대를 이어 행복을 누리며 장수하게 될 것이다.

그리고 우주에 관한 연구로 행성과의 충돌을 사전에 탐지하고 방지하며 우주 내의 어디에선가 지구 수명이 다하기 전(약 50억 년 이전)에 새로운 인간종의 삶터도 찾아내게 될 것이다.

이와 같은, 인간종의 무한한 잠재능력은, 인간종으로 진화할 때 같이 진화한 뇌의 구조와 기능에서 비롯된다.

새가 날개가 있어야 나르듯이, 동물의 모든 기능은 그 구조에서 나온다.

인간종의 뇌의 구조와 기능이 만들어지는 진화과정과 뇌의 작동원리에서부터 의식을 만들어내는 과정과 그 과정에서 인간종이 삶에서 추구하는 가치와의 관계 등을 살펴보면,

동일한 유전자를 가진 세포들이 모여 먹이, 호흡, 소화, 배설, 체온 유지, 탐색, 이동 등 주어진 역할을 다세포 동물에서 신경기능을 분담하던 세포는 다세포 동물이 동물로 진화함에 따라 신경 세포가 되었다.

그리고 신경 세포들이, 상호협력을 도모하고 안전성을 확보하기에 가장 효율적인 위치에 모인 곳이 '뇌' 즉, 동물의 '뇌'이다.

동물의 뇌는 파충류의 뇌(중뇌, 교뇌, 연수로 이루어진 뇌간)

에서 그 구조가 완성되었는데, 그 뇌는, 그 기능상 생존의 가치에 반응하여 생명을 효율적으로 유지할 수 있게 한다는 뜻에서, 생명의 뇌라고도 한다.

조류와 포유류의 뇌는, 2억 5천만 년~2억 년 전쯤에 파충류에서 포유류와 조류로 진화할 때 파충류의 뇌에, 추가하여 대뇌피질과 피질 하부 기관인 해마(장기기억), 소뇌(부드러운 운동 개시), 기저핵(운동 조절) 등의 구조를 가지게 되었다.

이러한 뇌 구조를 가진 동물은 주어진 현재 상황에, 순간적으로 과거에 경험되었던 상황을 기억된 장면으로 만들어 의식(1차원적인 의식, 기억된 현재라고도 함)하게 되는 능력을 지니게 됨으로써, 주어진 상황에 적절하게 대처할 수 있게 된다.

이러한 의식을 가지고 활용할 수 있는 동물은, 그렇지 못한 동물보다 생명을 유지함에 있어 훨씬 더 유리하다.

인간종의 뇌는, 포유류의 뇌 구조를 바탕으로 하여, 대뇌피질이 뇌 전체를 둘러쌓을 정도로 엄청나게 커지면서, 피질 안에 언어의 의미를 만들어내는 베르니케 영역(wernicke' s area)과 말을 하게 되는 브로카 영역(broca' s area)이 생겨 말을 할 수 있게 되었고, 기획과 판단에 관여하는 전두엽 영역이 넓게 확장되어 똑똑해질 수 있게 되었으며, 체내 외에서 오는 자극을 감지하는 영역도 확대되어, 미세한 느낌의 차이를 분별해 내고 기억해 낼 수 있게 되었다.

이로써 인간종은, 1차원적인 의식(포유류의 의식)에 더하여 고차원적인 의식을 가지게 된 것이다.

고차원적인 의식을 가짐으로써, 1차원적인 의식의 추진력과 적절한 균형을 유지하면서 인간종은 '의, 식, 주'와 안전등 생존에 가치가 있는 것들을 쉽게 확보할 수 있는 능력을 지니게 되었다.

그리고 1차원적인 의식의 가치체계에, '사회적인 동물'로서 공생하는데 필요한 고차원적 의식의 가치인 자유, 윤리, 사회적 가치(사회적 체계 속에서 목표와 목적) 등의 가치가 추가되었다.

게다가 언어를 구사할 수 있는 능력을 포함하는 고차원적인 의식으로 인하여 논리적인 사고를 할 수 있게 되었다.

사고에는 1차원적인 의식에 바탕을 둔 '은유적인 사고'와 고차원적인 의식에 바탕을 둔, 과학적인 지식에 바탕을 둔 '논리적인 사고'로 구분된다.

경험으로 얻은 자연과 자연을 지배하는 자연법칙에 관한 지식을 바탕으로 하는 논리적인 사고는, 다시 자연과 자연법칙에 관한 지식을 찾아내게 되고, 그 지식은 다시 논리적인 사고의 수준을 높아지게 함에 따라 인간종은 대를 이어갈수록 한없이 똑똑하게 발전할 수 있게 된다. 즉, 무한한 잠재능력을 실현해 갈 수 있게 되는 것이다.

무한한 잠재적인 능력을 지닌 인간종의 뇌는, 대략 900억 개의 신경 세포(neuron)로 이루어져 있고 그 무게는 약 1.4kg이다.

뇌의 바깥쪽에는, 300억 개의 신경 세포로 된 6층의 넓은 판이, 쭈글쭈글 접힌 모양으로 된 대뇌피질이 뇌 전체를 둘러싸고 있다. 대뇌피질에는 세부 기능에 따라 형성된 신경 세포 집단들이,

서로 다른 지역별로 구분되는 지도(map) 모양으로 나뉘어 있다(그림 19).

신경 세포에는 신경전달물질을 만드는 세포핵을 중심으로, 신경전달물질을 전달하는 긴 축색과 전달물질을 받는 나뭇가지 모양의 여러 개의 수상돌기가 있다.

신경 세포핵 안에 가지고 있는 유전자 중에서, 주어진 역할을 수행하기 위한 유전자가 발현되어 소정 신경 전달물질을 만들고 이를 축색돌기의 끝 부위에 저장하고 있다가 맨 끝의 연결 부위인 시냅스(synapse)를 통하여 연결 세포의 수상돌기에 전달한다(그림 19참조).

신경 세포는, 세부 기능에 따라 50~10,000개로 된 세부기능을 가진 신경 세포의 집단이, 선택의 단위가 되어 통합함으로써 하나의 기능을 나타낸다.

예를 들어, 시각의 경우, 모양, 색, 운동 등 33개 정도로 된 세부 기능을 가진 신경 세포 집단으로 이루어져 있다. 이들 집단은 대뇌피질 중 후두엽 지역에 모여 있다.

선택된 신경 세포 집단은 재입력 섬유를 통한 재입력 신호(빠른 왕복 신호)로 연결-통합됨으로써 자연을 지각하고, 지각한 곳에 흔적을 남겨 기억을 만들어 낸다(그림 20 참조).

기억은, 시냅스가 증가할수록 시냅스의 강도가 강해지고 시냅스 후 신경 세포는 시냅스의 강도에 따라 수상돌기에 흔적을 남기게 되는데 그 흔적이 강하거나 많을수록 오래간다.

그리고 기억은 해마와 연합함으로써 장기 기억으로 전환하는

데, 이를 장기 증강(long-term potentiation)이라 한다. 그래서 해마를 제거하면 더 이상의 장기 기억은 만들어내지 못한다.

기억은, 물건을 넣었다 꺼내 보는 것처럼 명확한 것이 아니라, 당초에 주어진 자극에 의하여 선택되었던 신경 세포 집단들이 재입력 신호의 연결로 통합함으로써 다시 만들어내는 것임으로 똑같을 수는 없고, 시간이 지남에 따라서 수상돌기에 남긴 자극의 흔적이 소멸되기 때문에 기억은 희미해지기도 하고 소멸되기도 한다.

뇌 내의 신경 세포 사이를 연결하는 시냅스는 1.000조 개나 되고, 시냅스를 통하여 신경 세포 사이를 연결하는 회로의 수는 우주 전체에 있는 입자의 수보다 훨씬 많다.

신경 세포 사이를 연결하는 회로는, 세포에서 신경전달물질을 만들어 긴 축삭의 끝 부위에 저장하였다가 축색 말단의 시냅스를 통하여, 이웃 신경 세포의 수상돌기 등을 통하여 신경전달물질을 전달하는 방식으로 형성된다.

의식이 만들어지는 과정은, 신경 세포의 집단이 선택의 단위가 되어, 현재 진행되고 있는 사건(자극)에 관련된 신경 세포 집단들이, 과거 경험에 의하여 형성된 가치 범주 기억의 영향을 받아 선택되고, 선택된 신경 세포 집단들이 재입력 신호로 연결되는 통합적 핵심부의 구조가 형성하게 되면, 이에 수반(entail)하여 과거의 경험을 바탕으로 하는 장면이나 느낌으로 의식하게 된다.

선택된 신경 세포 집단의 통합부가 만들어져 의식하게 되는 것은, 마치 수많은 낱개의 지식이 모여 집단으로서의 성질을 가진 정보를 만드는 것과 같은 복잡계(complex system)의 속성이며, 또한, 통합적 핵심부의 형성으로, 이에 수반되어 의식이 나타나는 현상은, 헤모글로빈과 같은 고분자 물질이 고유한 스펙트럼을 나타내는 이치와 다를 바가 없다.

의식이 가치 범주 기억의 영향을 받아 형성된다는 뜻은, 인간의 생명 유지에, 이로움이나 해를 끼치는 정도를, 과거에 경험에 의하여 평가되었던 가치 기억에 따라 의식이 형성된다는 뜻이다.

따라서 과거의 경험(지식)이 왜곡되거나 편협하지 않아야 성숙한 의식(마음)이 만들어질 수 있다는 것을 알 수 있다.

한편 의식은 특정 상황에서, 뇌간-변연계 즉 가치체계(value system)에 의하여 조정되는데 예를 들면, 생존에 위협이나 위급한 상황에 처하게 되면, 아드레날린과 같은 스트레스 호르몬을 만들어 전신에 보내져 집중적으로 힘을 만들어 대처토록 준비하고, 역으로 생존에 필요한 여건을 충족하게 되면, 엔도르핀과 같은 호르몬을 만들어 보람과 행복감을 느끼게 하는 방식으로, 스스로 위험한 것은 피하고 좋아하는 것을 찾아가며 살도록 유도한다.

이와 같이 감정을 만들어내는 호르몬 등 뇌에서 만들어내는 감정조절 물질을 감정의 분자라고 하는데, 알려진 것만도 200여 종이나 된다(참고문헌 10 감정의 분자).

기계도 아닌 뇌가 실수 없이 의식을 빨리(수분의 1초 단위) 만들어 낼 수 있게 되는 것은, 선택된 뇌세포 집단 중에 일부가 이와 다른 집단으로 치환되어 선택되더라도 당초에 선택되어 출력하고자 하는 출력물을 그대로 출력하게 되는 성질, 즉 축중성(degeneracy)을 가지고 있기 때문이다. 이와 같이 여유로운 방식으로 실패를 방지하는 축중성은 생물계에서 흔히 볼 수 있는 성질이다(그림 21 참조).

의식에는, 지각, 감각, 기억, 사고, 이미지, 정서, 감정, 통증, 고통, 희미한 감각, 등등이 포함되는데 정신 활동의 총체인 마음은, 의식에 의존한다. 그리고 의식은 가치에 의존한다.

인간종의 뇌의 구조는, 진화과정에서 1차원적인 의식과 함께 고차원적인 의식을 만들어내는 구조를 함께 가지고 있게 되었다.

고차원적인 의식으로, 즉각적이고 눈앞에 있는 생존 가치에 의존하는 1차원적인 의식을 제어하여 미래의 더 큰 가치를 추구할 수 있게 하고, 가치의 크기를 비교할 수 있게 하며, 가치를 추구함에 있어 공동체를 구성하여 공동협력체의 능력을 활용하게 됨으로써 생존을 위한 가치를 효율적으로 충족시킬 수 있는 잠재능력을 지니게 된다.

인간종이 공동협력체인 사회를 구성하고 사회적인 동물이 될 수 있게 되는 데에는, 고차원적인 의식의 가치인 자유(비윤리적인 것으로부터의 자유)와 윤리(인간이 사회적인 동물로서 지켜야 할 행동규범) 그리고 사회적 가치(사회적 체계 속에서의 목표와 목적) 등의 새로운 가치가 1차원적인 의식의 가치인 생존을 위한 가치와 나란히 같이 가치체계에 추가되었기 때문이다.

그리고 1차 및 고차원적인 의식에서의 가치를 효율적으로 충족되게 하는 데에는, 고차원적인 의식이 있어 가능하게 하는 '논리적인 사고'라는 수단이 있기에 가능하게 되는 것이다.

사고란, 의심되는 사물이나 사안에 관하여, 과거와 현재 그리고 미래를 망라한 은유적-논리적 사고인데, 은유적 사고는 1차원적인 의식에서의 강한 패턴인식에 의존하고, 고차원적인 의식이 있어야만 가능한 논리적인 사고는 과학적인 지식에 의존한다. 그래서 사고는 언제나 개인적이고 발전적이다.

사고에서 깨달은 것이 신념이고, 신념은 행동의 규칙 또는 습관이나 성격이 되며, 또한 신념은 사고를 쉬게 하는 휴식처인 동시에 새로운 사고의 시발점이 되기도 한다.

사고나 신념은, 지식과 이성에 의존하기 때문에, 개인과 사회의 발전과 더불어 발전하게 된다.

특히 날로 늘어나는 과학적인 지식에 바탕을 둔 '논리적인 사고'는, 과학이 발전함에 따라 생존을 위한 가치 즉 의, 식, 주 등에 소요하는 물질을 충족하게 만들어내는 방법을 지속적으로 찾아내 왔다.

예를 들면, 합성섬유를 발명하여 옷을 만들고, 비료, 농약, 농기계 등을 발명하여 식량을 증산하고, 시멘트, 인공 목재 등을 발명하여 주택을 만들어 의, 식, 주의 가치를 충족시켜 왔다.

석탄, 석유의 개발에 이어 핵에너지 이용방법을 발명하였으며, 핵융합 에너지 개발과 소행성과의 충돌 방지 방안을 포함하는 우주개발도 시작되었다.

자연환경에만 의존하고 살던 인간종은, 자연을 지배하는 자연법칙을 이용하여 인간 종이 의존하고 살 수 있는 새로운 환경을 만들어 그 속에서 살아왔다. 그리고 이러한 삶의 방식은 앞으로도 이어질 것이다.

고차원적인 의식의 가치는, '논리적인 사고'의 힘으로, '의, 식, 주' 등 생존에 필요한 가치가 어느 정도 충족하게 되어감에 따라, 점차 중요한 가치로 강하게 부상하게 되었다.

동물처럼 온종일 먹이를 찾아 헤매면서 원시생활을 하던 초기 인간종이 농업에 정착하여 식생활의 안정을 찾았지만, 자기 먹고 남는 20% 정도의 식량을 착취하여 먹고사는 지배계급이 탄생하게 되고, 왕권신수설 등의 허황한 이념(믿음)으로, 같은 인간종을 세뇌하고 강압하여 노예로 살게 했던, 아픈 역사가 길게 이어지는 동안에 겨우 자유(비윤리적인 것으로부터의 자유)와 윤리 등의 고차원적 의식의 가치에 조금씩 눈이 뜨이게 된 것은, 그 기간에 과학이 조금씩 발전하면서 이에 수반하여 발전한 '논리적인 사고'로 고차원적인 가치가 부상하게 된 데 따른 것이다.

상업혁명과 산업혁명을 거치면서 자본가와 중산층의 등장으로 왕의 권력이 분산되면서 자유인이 증가되었다. 그리고 생산과 교역의 증대 등으로, 의, 식, 주가 안정되어 엥겔지수(생계비 중 음식비의 비중)가 80% 수준에서 20% 이하 수준으로 낮아지게 됨에 따라 인간종은, 점차 삶의 가치를 높이는 고차원적인 가치를 추구하는 삶을 살 수 있게 되었다.

여기에서 엥겔지수가 20% 이하라는 뜻은, 1년 번 돈으로 5년 동안의 식생활을 해결할 수 있다는 뜻이 된다.

머지않은 장래에 엥겔지수가 한 번 더 같은 비율(1/4 수준(5%))로 떨어지는 풍요로운 사회가 될 것이고 그때가 되면 고차원적인 의식의 가치는 1차원적인 의식의 가치인 생존의 가치보다 더 중요한 가치로 자리 잡게 될 것이다.

고차원적 의식의 가치가 중요한 가치로 자리 잡게 됨에 따라, 먹이 등 생존 가치에 생명을 걸고 다툴 수밖에 없었든 원시시대에서부터 이어져 온 투쟁, 착취, 그리고 권위나 위세를 과시하기 위한 병적인 지배 욕구와 필요 이상 것에 집착하는 탐욕 등이 감소하고 있다.

또한, 이상향의 실현화라는 이념의 가치에 매몰되어, 자연에서 주어진 삶의 가치에 반하여, 같은 인간종을 살해하거나 억압하는 등 동물의 세계에서도 찾아볼 수 없는 자해적인 행위도 자연적으로 퇴화하고 있다.

이는 고차원적인 의식으로 가능하게 된 논리적인 사고가 과학의 발달과 궤를 같이하며 발전하게 되면서 인간종이 점차 똑똑해져, 종간의 협력이 자신에게 이로운 것을 스스로 알게 됨에 따라, 자신을 이롭게 하는 잠재적인 협력자를 해치는 것이, 자해적이거나 자손적인 행위라는 것을 알게 되는 인간의 수가 자연스럽게 증가하게 되기 때문이다.

게다가 이상향이란 것이 인위적으로 아무나 만들겠다고 해서 아무 때나 만들어지는 것이 아니라는 오히려 새로운 독재체제로 퇴화하게 된다는 것도 그동안에 겪어 보았던 많은 역사적인 경험으로도 알게 된 인간의 수가 증가되었고, 아울러 이상향은 자연에서 인간종에게 주어진 가치를 추구하는 삶을 살아가는 인간종의 수가 많아지면 자연스럽게 만들어지게 되어있다는 것을 알게 되는 인간종의 수도 자연스럽게 증가하게 되기 때문이다.

논리적인 사고의 발달로, 투쟁하여 승리해 보았자 상처뿐인 영광? 투쟁에 소요된 비용에 비하여 보잘것없다는 사실을 알게 되어(이는 수학인 수단으로 입증됨, 참고자료 14 초협력자) 남을 정복하고 지배하려는 욕구나, 불필요한 탐욕 때문에 일어나게 되는 투쟁이나 전쟁도 퇴화해가고 있다.

그리고 즉각적인 현재의 이익을 취하기 전에, 취했을 때와 참았을 때의 손익을 논리적으로 깊이 생각함으로써 더 큰 이익을 선택할 수 있게 된다는 것도 알게 되어있다.

또한, 논리적인 사고로, 모든 생물은 혼자서는 생존할 수 없도록 창조되었다는 점과 게다가 사회적인 동물로서 협동이나 분업할 수 있는 공동체의 일원으로 사는 것이 혼자 사는 것보다 훨씬 유리하다는 것도 알게 되었다.

혼자서는 생존하기조차 어렵고 협력 공동체의 일원으로서 살아야 더 잘 살 수 있게 되는데 공동체를 구성하려면 필수적으로 윤리적인 가치가 있어야 한다. 그래서 윤리가 자유, 사랑, 사회적인 가치 등과 함께 고차원적인 의식의 가치로 인간종에게만 주어진 것이다.

여기에서 윤리란 인간종이 사회적인 동물로서 상호 간에 가장 많은 행복을 산출하기 위하여 지켜야 할 자연법칙에서 주어진 행동규범이다. 윤리적인 행동으로 고차원적 의식의 가치를 충족하게 되면 가치체계에서 행복을 느끼게 하는 감정의 분자를 분비하게 되고 역으로 충족하지 못하거나 방해를 받게 되면 스트레스를 받게 된다.

예로서, 공동체 내에서 어려운 입장에 처한 사람을 돕고, 어려운 입장에서 벗어났을 때 갚는 것은 상호 간에 윤리적 가치를 획득하는 것이다. 그래서 가치체계에서 행복 호르몬이 분비하여 행복감을 느끼게 된다.

하지만, 협력 공동체 내에서는 배신자가 나타나게 마련인데, 이때 순간적으로 스트레스를 받아 배신자를 응징하게 된다. 그러나 논리적인 사고로 용서하고 포용하여 다시 협력할 수 있게 하는 것이 자신의 행복도 증진시키게 되며 실리도 얻게 된다는 것으로 알려졌다(수학적인 수단으로도 입증됨. 참고자료 14 초협력자).

특히 논리적인 사고는, 인간이 흔히 일으키게 되는 위험, 분노 등 어려운 상황에서도 상황의 본질을 파악하고 이해하게 함으로써 분비되었던 스트레스 호르몬이 흡수 소멸되도록 도와 마음이 편안해질 수 있게 한다.

내 탓이로구나. 신이 주시는 시련이다. 불행 중 다행이다. 타낼 것이 못 된다. 환자라서 하는 짓이니까. 오히려 잘 되었네, 등등으로 스트레스를 해소하게 될 경우 오히려 행복감을 느끼게 하는 감정의 분자까지 분비되어 행복을 느끼게 될 수 있다.

이상에서 살펴본 바와 같이 인간종의 뇌는, 1차원적인 의식을 만들어내는 포유류의 뇌에서, 대뇌피질이 크게 확장되어 거기에 말을 만들고 하는 영역과 판단과 계획을 하는 영역 등의 새로운 기능을 가진 구조가 추가됨으로써 고차원적인 의식을 만들어내도록 진화되었다.

그래서 인간의 마음은, 1차원적인 의식과 고차원적인 의식에 의존하여 만들어지는데, 1차원적인 의식은 생존의 가치와 고차원적인 의식의 가치(사회적인 동물로서 생존의 가치를 훨씬 수월하게 얻을 수 있도록 하는 가치)와 그 가치를 논리적인 사고를 통하여 추구하는 쪽으로 향해 가도록 되어있다.

인간종의 역사에서, 가치를 추구하는 욕구는, 개체가 가진 능력과 집단으로서의 능력으로, 자연과 자연의 법칙을 탐구하여 과학을 발전시키고 이에 따라 향상되는 '논리적인 사고'에 힘입어 의, 식, 주 등의 생존 가치를 조금씩 더 충족시켜 왔다. 생존의 가치가 충족되게 되는 정도에 따라 상대적으로 부상하게 되는 고차원적인 의식의 가치는 경우에 따라서는 생존의 가치보다 더 중요한 가치로 여겨지게 된다.

'논리적인 사고'는, 예를 들면 이겨 봤자 상처뿐인 빈껍데기 영광? 투쟁의 상처라는 지옥 속에서 사는 것보다는 협력-상생하는 것이 자신에게 유리하다는 것을 인식할 수 있는 등의, 실리를 추구하는 똑똑한 인간이 늘어나면서 사회도 점차 더 똑똑하게 발전하게 된다.

게다가 주어진 상황을 '논리적인 사고'로 분석함으로써, 인간은, 스스로 마음의 행복을 만들어낼 수 있는 능력까지 발휘할 수 있게 되었다.

인간 종이 위와 같은 능력을 지니고 살 수 있게 되는 데에는 고차원적인 의식이 주어지는 뇌를 가지고 태어났기 때문이다. 창조주께서, 우주를 창조하고 우주를 운영하는 자연법칙을 만들어, 그 법칙에 따라 물질이 만들어지게 하고, 물질에서 생명체가, 생명체에서 동물을 거쳐 최종적으로 인간종이 만들어지게 함과 동시에, 그들에게 고차원적인 의식과 이에 따른 고차원적인 의식의 가치와 논리적인 사고능력을 지니게 함으로써 그들 스스로 인간종에게 주어진 잠재능력을 실현해 가면서 풍요롭고 행복한 삶을 살아가도록 만들어주었기 때문이다.

잠재능력이 실현됨에 따라, 자연법칙에 의하여 태어나 자연법칙에 따라 주어지는 가치와 그 가치를 추구하는 능력을 타고난 자연물임을 스스로 인식하게 되는 인간종의 수는 증가하게 되는 반면, 자연에서 주어진 가치에 반하는 가치를 추구하는 행위는 자연히 감소하게 된다.

인간종에게 주어진 뇌의 가치 추구 욕구와 논리적인 사고로 발전해온 지난 역사의 흐름으로 미루어 볼 때, 머지않은 장래에 인간종은 엥겔지수가 80% 수준에서 20% 이하로 낮아지게 된 것처럼, 다시 한번 1/4 수준(5%)까지 낮아지게 하는 등의 발전으로, 생존에 필요한 모든 가치를 손쉽게 획득하게 되는 풍요로운 사회에서 생활하게 될 것이다.

그럼으로써 대다수 인간종은, 생존 가치의 풍요 속에서, 고차원적인 의식에 의하여 얻어지는, 자유, 윤리, 사회적 가치 등의 가치도 충족하게 되는 사회적인 동물로서의 기쁨과 행복을 느끼며 평화롭게 살아가게 될 것이다.

그때가 되면 지구촌은 좁은 망으로 좁혀진 하나의 사회가 되고 언어도 문화도 하나가 되어 인간종은, 모두가 이웃사촌처럼 투쟁과 다툼이 없이 서로가, 서로를 돕는 협력자가 되어 풍요롭고 행복한 사회 즉, 주기도문에 나오는 '아버지의 뜻이 하늘에서와 같이 땅에서도 이루어지는' 사회에서 살게 될 것이다.

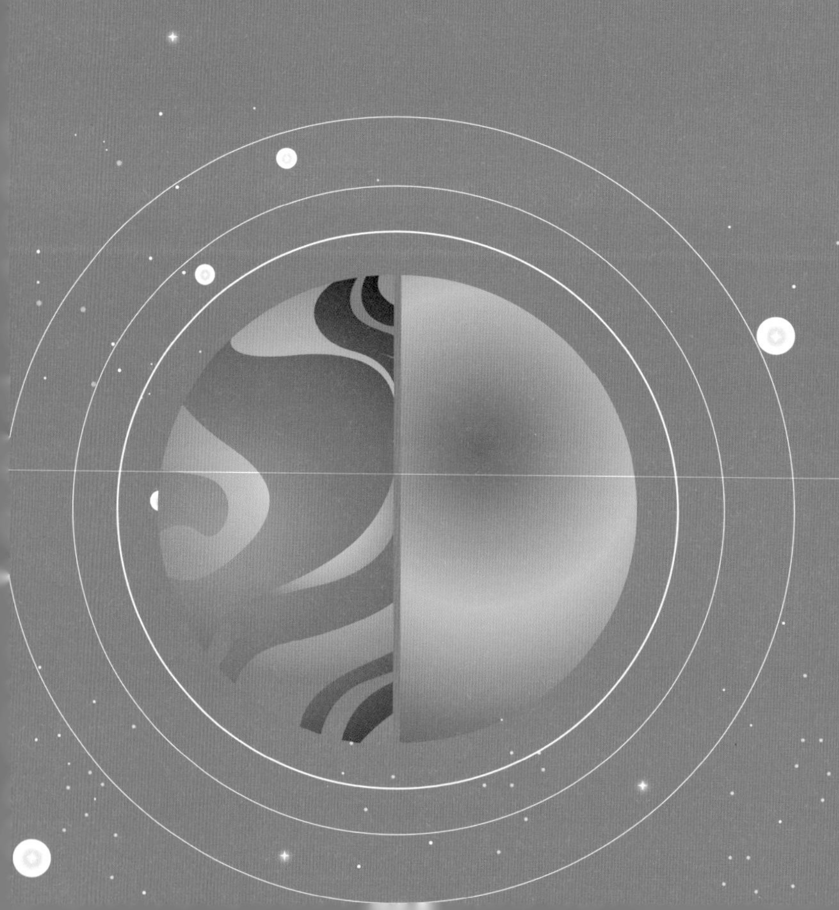

1부

생명체의 기원

1. 우주의 탄생(물질의 탄생)

옛날, 옛날 아주 옛날에 우리가 상상해보기조차 어려운 지금으로부터 약 138억 년 전에, 백억 광년(빛의 속도로 100억 년 동안가는 거리)이나 되는 아주 먼 곳에서 엄청나게 큰 폭발이 있었는데 이 큰 폭발을 "빅뱅(Big-Bang)"이라 부른다.

"빅뱅"으로, 엄청나게 큰 미지의 에너지가 , 그에 상당하는 엄청나게 많은 미립자 물질과 복사(Radiation : 빛 등 파장 에너지)로 전환되었다가, 미립자(양성자 등을 이루는 기본적인 입자인 쿼크(quark 등)들이 뭉쳐 양성자, 중성자와 전자 등으로 커진 다음, 그것들이 상호 결합하여 이 세상에서 가장 작고 가벼운 원소인 수소 원소(H)와 소량의 그다음 가벼운 원소들과 함께 만들어지기까지는 빅뱅 이후 약 40만 년이 걸렸다.

빅뱅에서 만들어진 소량의 헬륨(He)과 리튬(Li) 등이 섞인 수소는, 진공인 데다가 절대 영도(섭씨-273도)의 차가운 우주 공간으로 펴져나가 우주에 구름처럼 떠있게 되고, 미립자에 갇혀 있던 복사는 미립자가 뭉쳐 수소 원자가 되므로 인하여 생긴 공간으로 빠져나와 우주배경복사가 되어 전 우주에 고르게 펴져 나오게 되어, 지구에서도 방송이 없는 빈 채널에서 잡음과 함께 흑-백으로 깜박이는 점으로 감지되고 있다.

우리가 흔히 아는 폭발은 높은 압력으로 갇혀 있던 가스가, 폭발음을 동반하면서 한꺼번에 터져 나오는 현상이거나, 폭약이라는 물질이 화학반응을 한꺼번에 일으켜, 열과 가스가 폭음과 함께 터져 나오는 것이다.

이런 폭발은 질량 보존의 법칙(라부아지에(1743~1794)에 의해 확인된 자연법칙)에 따라 폭발 전의 물질의 총질량은 폭발 후의 생성물질의 총질량과 같다.

그러나 빅뱅은 당대 유명한 물리학자 아인슈타인(1879~1955)이 찾아낸 자연법칙 즉, 에너지가 물질로 변할 수 있다는 이론에 따라, 에너지가 물질로 변하는 폭발이다.

이 법칙에 따르면 역으로 물질이 에너지로 변할 수도 있는데,

예를 들면, 태양에서 수소 원소가 핵융합으로 헬륨이 되는 반응이 진행될 때, 소량의 질량 손실이 일어나고, 손실된 질량이, 대량의 열과 빛 에너지로 변하여 태양에너지가 되어 지구에 도달하는 것이다.

이 원리를 이용하여, 만들어진 폭탄이 수소폭탄이다.

그리고 이 원리에 따라, 원자력 발전소에서 우라늄과 같은 무거운 원자가 핵분열 반응을 일으키게 될 때도 소량의 질량 손실이 일어나는데 이에 상응하는 물질이 에너지로 전환하게 된다. 이 에너지를 이용하여 대용량의 무공해 에너지인 전기를 경제적으로 생산하고 있다.

우주에 있는 엄청난 양의 미지의 에너지인, 암흑의 에너지는 빅

뱅에 30% 정도가 쓰이고 아직도 70%나 남아 있다는 것으로만 보면 언젠가에 빅뱅과 같은 폭발이 한 번 더 일어날 수도 있겠구나 하는 생각을 해볼 수도 있겠다.

지금으로부터 약 138억 년 전에 우주를 탄생시킨 "빅뱅"이 있었다는 사실은 그동안 천체물리학자 들에 의하여 밝혀졌지만, 누가 왜 어떻게 빅뱅을 일어나게 했는지, 아니면 우연한 자연 현상이었는지 아직은 모른다.

하지만 빅뱅이 있었다는 사실만은 확실해 보인다. 이를 뒷받침하는 과학자들이 밝혀낸 세 가지 증거는 아래와 같다.

첫째, 빅뱅 이후 우주는 계속 팽창하고 있음이 관찰되었는데, 그 팽창 속도와 가속도가 달라지고 있다는 것이 관찰되어, 이를 바탕으로 은하의 총질량, 우주의 크기 그리고 현재의 우주의 팽창 속도 등의 수치를 근거로 수학적인 방법으로 풀어 우주의 나이가 138억 년이라는 것을 알아냈다. 솔 퍼머터 등 세분(Saul Perlmutter, Brian Schmidt, Adam G.Riess)은 우주가 가속 팽창 한다는 사실을 밝힌 공으로 2011년 노벨 물리학상을 받았다.

둘째, 빅뱅 이후 약 40만 년 동안 고밀도의 소립자들 속에 갇혀 있던 복사(Radiation-빛에너지)는, 소립자들이 수소 등 가벼운 물질들로 전환되면서 우주배경복사(Cosmic Microwave Background Radiation)라는 이름으로 전 우주로 퍼져나갔다.

우주배경복사는 처음에 가시광선과 적외선이었던 빛이 오랫동안 전 우주에 퍼져 나오면서 초단파와 단파로 변하여, 138억 년이 지난 지금, 지구에서도 관찰할 수 있게 되었다.

방송이 없는 빈 TV 채널에서 찍찍대는 잡음과 함께 흑·백 점이 깜박이는 현상을 볼 수 있는데, 바로 이것이 우주 전체로 퍼져나간 우주배경복사가 빈 TV 채널에 잡혀 일어나는 현상이다.

우주배경복사는 우주팽창 이외에는 다른 요인에는 전혀 영향

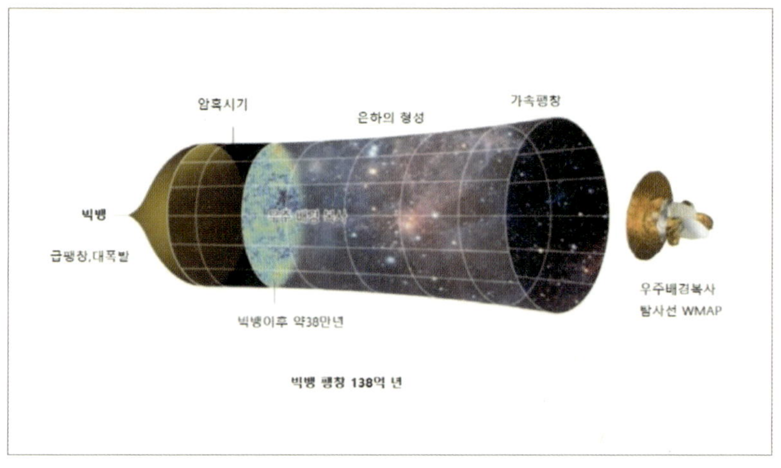

(그림 1) 우주배경복사는 구름의 표면을 보는것과 비슷하다. 빅뱅직후의 우주는 물질과 에너지가 섞여있는 구름과 같아서 그 사이를 뚫고 볼수가 없고, 38만년이 지났을때(온도 3,000K), 원자가 생성되면서 빠져나온 우주 초기의 빛이 빠져나와 볼 수 있는 것이 우주배경복사이다.

을 받지 않았기 때문에, 초기 우주의 모습을 간직하고 있어, 천문학자들은 우주배경복사를 통하여 우주를 관측함으로써, 우주의 과거 모습을 알 수 있게 되었고, 이를 바탕으로 하여 현재 모습까지도 이해할 수 있게 된 것이다.

우주배경복사를 바탕으로 빅뱅 시점을 관찰하여 137억 2천만 년 전에 빅뱅이 일어난 것으로 관찰되었다. 그러나 2013년 3월에 대기권 밖의 위성(프랑크 위성)에서 우주 배경 복사를 정확하게 관측해 본 결과, 우주의 나이가 138억 2천만 년으로 나와 우주 나이는 138억 년으로 수정하게 되었다.

천문학자인 아노 펜지어스(Arno Penzias)와 왈슨(Walson)은 우주 배경 복사를 알아낸 공로로 1978년 노벨 물리학상을 수상했다.

셋째, 우주에 있는 원소는 전적으로 수소와 헬륨이 지배적으로 많은데, 빅뱅 당시의 조건에서의 수소 등 경량 원소 존재량과 비율을 계산한 결과, 우주 내에서 관찰된 결과와 놀랍게도 일치했다.

이 세 가지의 관찰 결과 1992년 이후 우주의 탄생에 관한 빅뱅우주론은, 학계에서 정설로 자리 잡게 되었다.

소형 망원경을 손수 만들어 우주를 처음 과학적으로 탐사한 사람은 갈릴레이 갈릴레오(1564~1642)이다. 그는 태양이, 많은 별 중에 하나라는 것과 태양의 흑점을 관찰하여, 태양이 자전한다는 사실을 들어 지동설을 입증했다.

그 후 망원경의 크기는 점차 커져, 지금은 지름이 10 미터 급 고성능 거대 망원경이 가동되고 있고, 망원경에서 이용되던 가시광선 이외에, 전파, 적외선, 자외선, X선 등 모든 파장으로 확대 이용되고 있다.

촬영기술 또한, 망원경을 수 주일 동안 한 지점에 고정하여 촬영하는 기술 등의 발달로, 100억 광년이 넘는 먼 우주의 끝자락까지 관찰할 수 있게 되었다. 게다가, 별빛의 파장을 분석하여, 발광체를 구성하는 원소들이 발하는 원소 특유의 빛 띠(spectrum)를, 분석하는 소위 분광 분석 기술의 발달로, 태양을 비롯한 별들이 발산하는 빛을 분석하여, 별을 구성하고 있는 각종 원소와 이들 원소의 구성 비율까지 관찰할 수 있게 되었다.

최근에는, 인공위성기술의 발달로 인공위성에 망원경을 설치하여 대기권의 방해를 받지 아니하고 우주를 관찰할 수 있게 되어, 좀 더 정확한 관찰이 이루어지게 되었다.

하지만 우리가 관찰할 수 있는 대상은, 별 등 우리가 빛으로 감지할 수 있는 보통 물질로 구성된 것뿐이고, 이러한 보통 물질은 우주 전체의 5%에 불과한 반면, 빛이 없어 볼 수도 없고 전자파

(그림 2) 2025년에 완성될 거대 마젤란 망원경의 예상도. 지름 8.4 미터 거울 7장이 모여서 지름 2.5 미터의 망원경으로 만들어진다(참고자료1'우주의 끝을 찾아서'에서).

로도 탐지되지 않는 알 수 없는 암흑물질이 25%를 차지하고 있으며, 아직 밝혀지지 못한 에너지 형태인, 암흑에너지가 70%를 차지하고 있다고 하니, 우주에는 앞으로 밝혀져야 할 새로운 사실들이 산적해 있다 하겠다.

우주에 흩어진 수소 원소들이, 중력에 의해 모여 별을 만들고, 별에서는 핵융합 반응으로 생명체의 몸체를 포함하는 만물을 구성하는 기본 물질인 원소들을 만든다.

별이, 폭발로 생을 마감할 때, 미연소 수소와 별에서 만들어진 원소들이, 우주에 흩어져나가게 되고, 그들이 다시모여 새로운 별과 위성을 만들게 된다.

이러한 과정에 의해서 만들어진 하나의 별과 위성들이 태양이고 지구를 포함한 행성들이다.

이 과정을 좀 더 설명하면,

빅뱅에서 만들어진 수소와 헬륨 등 가벼운 원소는 우주 공간으로 흩어진 후, 이들 가벼운 원소들이 만유인력의 법칙에 따라 밀도가 높은 쪽으로 모여 구름 형태를 만들면, 이 원소 구름은 스스로 중력 때문에 무게의 중심을 향하여 점차 수축하게 되는데, 이때 원소 간에 마찰로 발생하는 열로 중심온도가 섭씨 1,000만도 이상 높아지게 되면, 두 개의 수소가 융합하여, 한 개의 헬륨이 되는 수소의 핵융합 반응이 시작된다.

아래에서 이를 '수소가 연소한다.'라고 한다.

수소가 연소할 때 강한 열과 빛을 내기 시작하는데, 이때가 바로 별(항성)이 탄생하는 순간이다.

우주에서 최초의 별이 탄생한 시기는 대략 '빅뱅' 이후 2~3억 년으로 보는데, 이렇게 탄생한 별들의 수명은 그 크기가 클수록 짧아진다.

예를 들어 비교적 작은 별에 속하는 태양 정도 크기의 별의 수명은, 약 100억 년이고, 태양보다 10배 더 큰 별의 수명은 약 1억 년이며, 태양보다 1/10 크기인 작은 별의 수명은 약 1조 년이다.

별이 처음 탄생한 이후 지금까지 약 135억 년 동안 별은 탄생과 죽음을 반복하면서 오늘에 이르고 앞으로도 반복될 것이다.

현재 우주에 남아 있는 별은, 지름 100억 광년이 넘는 넓은 우주 공간에 1.000억 개 정도의 별의 집단으로 나뉘어 있는데, 한 집단에는 1.000억 개 정도의 별들이 모여 있다고 한다.

별의 중심부에서 핵융합 반응으로 각종 원소가 만들어지는데, 처음 수소가 연소하여 헬륨을 만들고, 수소가 줄어들게 되면 중심핵이 수축하면서 온도가 상승하게 되어, 섭씨 1억 도가 넘으면 헬륨이 타서 탄소(C)와 질소(N)를, 온도가 더 높아지면서, 탄소가 타서 산소(O)와 네온(Ne)과 마그네슘(Mg) 등을, 네온이 타서 규소(Si)와 유황(S) 등을, 규소가 타서 철(Fe)과 소량의 니켈(Ni) 코발트(Co) 등의 원소가 순차적으로 수소 무게를 단위로 하는 점차 무거운 원소가 만들어진다.

철은 십억도 이상의 높은 온도에서 기체 상태의 규소가 타서 만들어지는데, 철이 타는 온도는 그보다 높아 별 내부에서 타지 못한다.

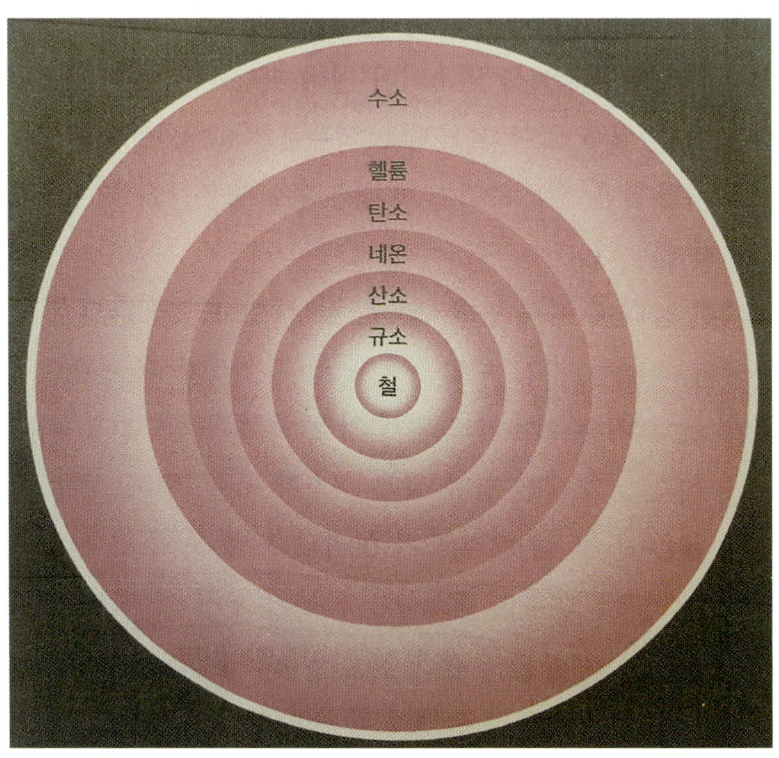

(그림 3) 모든 핵융합 반응이 끝난 별의 내부 구조(참고자료1 '우주의 끝을 찾아서'에서)

비교적 무거운 원소에 속하는 철은 타지 못하고 별의 중심부에 모여 있게 되는데, 규소층에서는, 규소가 계속 연소하여 철을 만들어 중심부로 보내지게 되므로, 별의 중심부의 질량이 계속 늘어나게 되면, 별이 중심부의 압력을 견디지 못하게 되면 별은 폭발하여 죽음을 맞게 된다.

폭발 중인 별을 초신성(Super Nova)이라 부르는데, 폭발 시 유난히 밝은 빛으로 관찰되기 때문에 붙여진 이름이다.

초신성의 폭발로, 별의 온도가 철이 연소할 수 있는 수십억 도의 고온에 이르게 되면, 철이 타서 즉 철이 핵융합 반응을 더 일으켜 우라늄, 금, 은, 백금 등 더 무거운 원들까지 모두 만들어 우주상에 퍼지게 됨으로써, 이 별에서 만들어진 모든 원소로 구성되는 지구가 탄생할 수 있게 된 것이다.

(그림 4) 초신성 SN1987A 중심 근처의 초신성 잔해.
초신성 SN 1987A가 폭발한 지 25년이 지난 2012년에 촬영한 사진.
폭발의 잔해가 퍼져나가 고리를 만들고 있는 모습. 초신성 SN 1987A는 대마젤란은하에서 폭발한 초신성으로, 망원경이 발명된 후 지구에서 가장 가까운 곳에서 폭발한 초신성이기 때문에 계속 연구되고 있다. 하지만 양쪽으로 두 개의 고리가 생긴 이유는 아직 알려지지 않았다. 양쪽에 있는 밝은 별은 초신성과는 관계없는 별입니다.
ESA/STScI and NASA; Second image: Hubble Heritage team.

초신성의 폭발로, 초신성의 외부 주변부에서 타지 않고 남아 있던 대량의 수소와 헬륨 등 가벼운 원소들은, 우주에 흩어져 우주 구름이 되고, 별의 내부에서 만들어진 철과 철보다 가벼운 원소들을 비롯하여 초신성 폭발로 만들어진 철보다 무거운 원소들까지 모든 원소가 별에서 만들어져 우주 공간으로 흩어져 우주의 먼지가 된다.

우주로 흩어져간 가벼운 원소들은 우주 구름을 형성하여 차세대 별을 만들게 되고 무거운 원소들은 우주의 먼지 상태로 있다가 별이 만들어지는 과정에서 지구와 같은 행성을 만들게 된다.

차세대 이후의 별들도, 똑같이 생성과 존속 그리고 폭발이라는 반복적인 과정을 통하여 이루어지는 물질순환 사이클에 따라, 별들은 대를 이어 살아간다.

별들이 핵융합 반응으로 만들어낸 각종 원소, 즉 우리가 중학교 시절에 배운 '원소 주기율표'에 질서 있게 배열된 118개의 원소는, 우리들의 몸을 포함한 모든 생명체와 지구 내부와 지상에 있는 모든 무생물체를 구성하는 기본적인 물질이다.

이들 원소가, 특정한 방법으로 결합하여 서로 다른 특성을 갖는 분자 물질을 만들고, 분자 물질은 특정한 방식으로 상호 결합하여 특정 미생물과 동물 그리고 식물의 세포를 만들며, 이들 세포는, 다시 특정한 방법으로 모여 생명체 즉 인간을 포함한 모든 생물의 몸체를 구성한다.

인간을 포함한 모든 생명체는 별들이 만들어낸 원소에 의하여

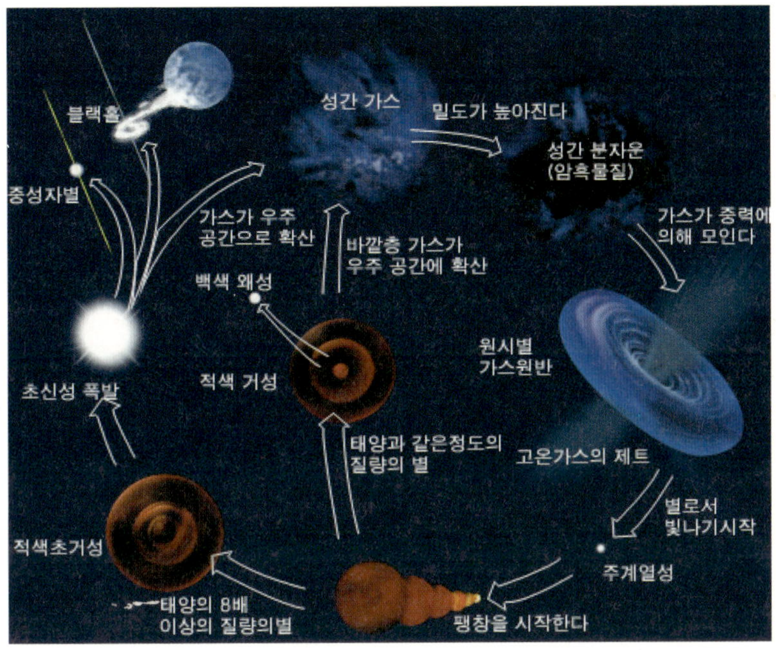

(그림 5) 초신성 폭발이 일으키는 은하계의 물질대순환(참고자료2 '우리가 살고 있는 우주'에서)

만들어진 것이므로 우리는 모두 별들의 자손이라 해도 좋을 듯하다.

우주에서 태양이 속해 있는 별의 집단을, 우리는 은하 또는 은하계라고 부른다. 은하계는 지름이 약 10만 광년이고, 약 2,000억 개의 별들이 모여 있다.

태양계는, 은하계의 별이 폭발하여 흩어진 먼지 0.1%와 가스 99.9%가 수축하여 만든 태양과 행성들로 이루어져 있다.

태양은, 은하의 중심에서 약 2만 5천 광년 떨어진 위치에 있으며, 은하계를 중심으로 공전(회전)하는데 약 2억 년이 걸린다.

태양의 표면 온도는 섭씨 약 6,000도, 중심온도는 1,500만 도이고, 수소의 핵융합 반응으로 빛과 열을 발산한다.

태양은, 태어난 지 약 46억 년이 되었는데, 태양 중심부에 있는 수소의 양으로 계산할 때, 앞으로 약 50억 년은 더 핵융합 반응을 일으킬 수 있는 중년 항성이다.

태양계는, 태양의 중심을 도는 수성, 금성, 지구, 화성, 목성, 토성, 천왕성, 해왕성과 또 이들 행성의 둘레를 도는 위성들로 구성되어 있다.

태양계 질량의 99.9%는 태양이 차지하고, 나머지 0.1%의 대부분도 목성이 차지하고, 지구는 겨우 태양계 질량의 33만 분의 1 정도의 아주 작은 질량을 차지하고 있다.

이 행성은 태양이 태어난 후 1억 년 이내에 생성되었다.

태양이 주변 가스와 먼지를 끌어들여 점차 그 크기를 키워서 지금의 태양 크기로 만들어지기까지는 약 8천만 년이 걸렸는데, 이 과정에서 주변 있던 우주의 먼지 일부가 뭉쳐 중심에 핵이 만들어지면, 그 중력의 힘이 주변에 생긴 작은 핵들을 끌어들여서, 몸집을 키워 지구와 같은, 태양계 행성들이 만들어진 것이다.

달은 지구 탄생 후 약 1~2억 년이 지나서 만들어졌다. 화성 크기(지구의 1/10)의 반 정도 크기인 외부 천체(테이아)가 지구에 충돌하여, 지구의 지각과 외부 천체에서 떨어져 나온 다량의 물질들이, 지구 공전궤도로 흩어지게 되는데, 이들이 중력으로 다시 모여서 오늘날의 달(지구의 약 1/50 크기)이 형성되었다.

빛은 1초에 약 30만 km를 간다. 이는 지구를 일곱 바퀴 반을 돌 수 있는 거리이기도 하고, 지구에서 달까지 갈 수 있는 거리이기도하다.

빛의 속도로 태양까지 가려면 약 8분 걸리고, 태양에서 제일 가까운 별까지 가려면 약 4년이 걸리며, 우리 은하와 가장 가까운 은하인 안드로메다의 별까지 가려면 약 250만 년이 걸린다. 그만큼 먼 거리에 있다는 뜻이다.

만일 우리가 지금 이 별의 사진을 찍어서 관찰하고자 한다면, 태양은 8분 전의 모습을, 태양과 가장 가까운 별은 4년 전의 모습을, 안드로메다 은하에 있는 별은 250만 년 전의 모습을, 사진으로 관찰하게 된다. 같은 이치로 10억 년, 50억 년 그리고 100억 년 이상 오래 전의 우주를 사진으로 찍어, 우주의 탄생과 별의 생성 모습 등 우주가 진화하는 모습을 관찰할 수 있게 된다.

2. 우리의 삶의 터전, 지구

지구가 만들어지는 과정은 태양이 만들어질 때 먼지들이 모여 지름이 약 1km 정도의 조그마한 행성들이 생기고, 그 뒤 주변의 알갱이들을 습득하여 지름이 1,000km의 원시행성으로 커진 것 몇 개가 합쳐 지름 12,740km나 되는 지구가 45억 년 전에 만들어졌다.

지구의 나이는, 1950년대에, 미국의 클레어 패터슨(Clair Patterson 1922~1995) 등이 개발한 납의 동위원소를 이용한 연대측정방법으로 석질운석(암석같이 보이는 운석) 3개와 철 운석 2개를 각각 분석하여 지구가 약 45억 년 전에 만들어졌음을 밝혀냈다.

2001년에는, 호주에서 44억 년 된 지르콘(Zircon) 광물이 발견되었는데, 지르콘은 화강암 마그마에서 잘 형성되고, 화강암은 수중에서 형성된 대륙지각의 주된 암석이므로, 이로써 44억 년 전에도 바다가 있었다는 것을 알 수 있게 되었다.

초기 지구의 표면에 불덩어리 마그마가 200만 년 정도 존재했는데, 이 기간 지구 지각에서는 화산활동이 격렬하게 일어났다.

현재 화산활동에서 나오는 가스를 보면 87%가 수증기다. 지구의 물은 그 근원이 화산활동에서 나온 수증기임을 알 수 있다.

지구 표면으로 분출된 수증기 상태인 물은, 지구 표면 온도가 높아 수증기로 존재하다가, 지구 표면이 식어, 온도가 내려감에 따라 액체상의 물이 되어, 낮은 곳으로 흘러가 바다가 만들어진 것이다.

물의 양은 지구 중량의 0.1%를 차지한다. 지구표면에 있는 물이 바다를 만들어 오랫동안 유지 보존 할 수 있게 된 것은, 지구와 태양 간의 거리가 적당하기 때문이다. 너무 가까우면 지구 표면 온도가 높아서 물로 존재할 수 없었을 것이고, 너무 멀면 지구표면 온도가 차가워 물로 존재하지 못했을 것이다.

또한, 수증기를 포함한 대기가, 지구 중력에 의하여 우주로 흩어지지 않게 잡아줄 수 있을 정도로, 지구의 크기가 적당하게 형성되었기에 그 인력으로 오랫동안 공기와 물을 유지 보존하게 된 것이다.

지구의 물은, 인간을 포함하여 지구상의 모든 생명체를 탄생할 수 있게 한 필수요소이고, 생명체를 구성하는 주성분이기도 하며, 이들 생명체가 생존해 나가는데 하나의 필수품이기도 하다.

게다가 물은, 증기와 물 그리고 얼음 등으로 온도의 변화에 따라 그 형태를 변화해가면서, 지구 표면의 암석에 풍화작용을 일으켜 모래와 흙을 만들고, 이를 낮은 곳으로 운반하여, 인간과 지구 생명체들이 정착할 수 있는 평지와 평야를 만들었다.

지구의 지각 밑에는, 두께가 약 100Km나 되는 10여 개로 나뉘어 있는 단단한 '판'이 있고, '판' 밑에는 암석이 녹아 있는 반유동성인 용암층이 있는데, 이를 '맨틀 층'이라고 한다.

두께 약 2,800km인 맨틀 층 밑에는 '지구 핵'이 있는데, 핵은 철 니켈 코발트 등 전기가 잘 통하는 물질로 이루어져 있다.

지구 핵은, 두께 1,800km의 액상 외핵과 반지름 1,200km인 고상 내핵으로 구분되는데, 내핵은 액상 외핵에서 지구냉각으로 인하여 고체화되어 가라앉은 것이고, 액상으로 그대로 남아 있는 부분이 외핵이다.

섭씨 약 4,000도의 뜨거운 용암층인 '맨틀 층' 내에서는 우라늄, 토륨 같은 무거운 원소가, 높은 온도와 압력으로 인해, 핵 분해 반응(원자력발전원리와 같음)을 일으켜 열을 만들고 그 열을 외핵에 공급한다.

액상인 외핵은 전기 전도체(철과 니켈 등)인 데다가, 내부 온

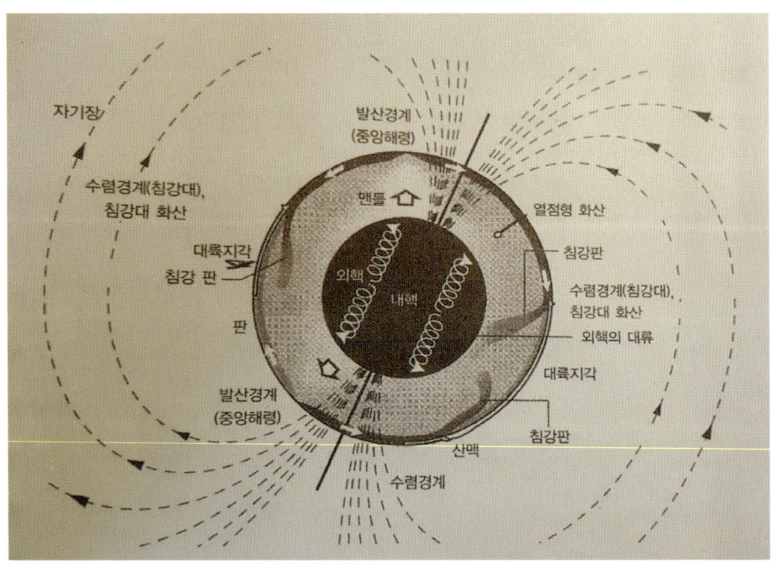

(그림 6) 물 행성 지구의 특징. 판, 수렴 경계, 발산 경계, 맨틀, 핵, 외핵, 내핵, 자기장 등의 관련성을 나타내고 있다(참고자료 2 '우리가 살고 있는 우주'에서).

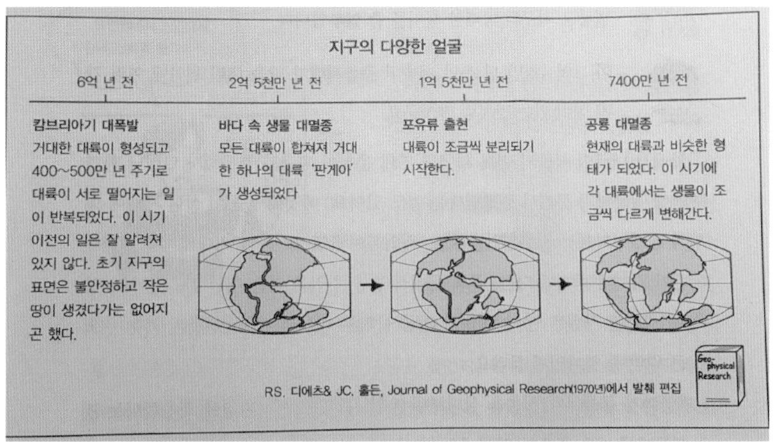

(그림 7) 지구의 다양한 얼굴(참고자료 3 'DNA법칙'에서)

도 차이를, 극복하기 위한 대류 운동을 하게 되고, 또한 지구 자전에 따라 회전운동을 하게 된다.

전기 전도체인 외핵이 회전하게 됨에 따라, 도체의 운동과 전기, 자기와의 관계를 밝혀낸 프레이밍의 왼손 법칙에 따라, 지구에 '지구 자기장'이 생긴다.

지구 자기장은, 지구로 날아드는 태양풍과 우주에서 날아오는 높은 에너지 소립자(우주선)를 휘게 하여, 인간을 포함한 지구 생명체를 보호한다(그림 6 참조).

이상에서 살펴본 바와 같이 지구와 같이 생명체가 탄생하고 생존하여 진화할 수 있는 모든 조건을 모두 충족하는 진귀한 위성이 자연적으로 우연히 만들어졌다고 보기에는 어려워 보인다.

맨틀 층의 열은, 일부 맨틀 상부에 있는 '판'을 통하여 지상으로 방출된다.

단단하고 두꺼운 '판'은 반유동체인 '맨틀' 위에 떠있고, 맨틀 층 내의 온도의 차이로 인한 대류 현상이 일어나게 됨에 따라, 맨틀 위에 떠있는 10여 개로 갈라진 판은, 움직이게 되는데, 이에 따라 판 위에 있는 대륙이 5억 년을 주기로 흩어졌다 다시 모이는 형태로 이동하게 된다. 이 현상을 '대륙 이동'이라고 한다(그림 7 참조).

대륙 이동설은 1912년 베게너(A.L Wegener)가 주장한 이래 지질학, 기하학, 고-생물학, 고-기후학 등에 관한 연구에서 나온 여러 가지 근거들로 이미 오래전에 증명되었다.

3. 생명의 탄생과 진화

물은, 생명체를 이루는 기본 분자들을 녹이는 성질을 가지고 있어, 그들이 물속에서 접촉하고 상호 결합반응을 일으켜, 생명체를 탄생시킬 수 있는 조건을 충족시켜줄 수 있는 용매이다.

생명체를 탄생시킬 수 있는 곳이, 물이 모여 있는 곳이고, 탄생된 생명체가 생존하고 번식할 수 있는 곳도 물이 있는 곳이다.

물은, 생명체를 구성하는 분자들도 잘 녹이는 성질을 가지고 있고, 물에 녹는 분자들을 물속에 고루 퍼지게 하는 성질이 있어, 일부 분자가 어떤 반응에 참여하여 농도가 낮아지면 주변에서 보충되고 생성물은 흩어지기 때문에, 물을 매개로 하여 일어나는 반응은 지속하게 된다.

그리고 물은, 생명체를 구성하는 주성분이기도 하고, 생명체는 물을 통하여 양분을 섭취하고, 배설하기도 하는데 체내에서의 화학반응도, 물을 매개로 하여 일어나기 때문에, 물과 생명체와의 관계는 불가분의 관계이다.

바다는, 45억 년 전 불덩어리였던 원시 지구가 식으면서 수증기가 응축하여 지상의 낮은 곳에 모여 바다를 이루었는데, 그 뒤 40억 년 전쯤에 대폭격 시기가 있어 한 번 더 지구 표면이 불덩어리가 되었다가 식어, 현재의 바다가 된 것이다.

따라서 최초의 생명체가 생긴 시기는 40억 년 전후일 수도 있고 35억 년 전후일 수도 있다. 그러나 아직은 이를 입증할 만한 박테리아의 화석이 발견되지 않아 두 주장을 같이 받아들여도 별다른 문제는 없어 보인다.

우주에서 만들어진 원소(원자핵과 전자들로 구성됨)는 동일한 원소 또는 다른 원소들과 전자를 주고받거나 전자를 서로, 공유하여야 상호 간에 안정성이 높아지기 때문에 자유 원소들은 짝을 지어 안정된 분자들을 만들게 된다.

예를 들면 수소(H)는 둘이 결합하여 수소분자(H_2)로 존재하기도 하고 수소(H) 2개가 산소(O) 하나와 결합하여 특수한 조건이 아니면 분해하기 어려운 안정된 물 분자(H_2O)가 되어 존재한다.

지구상에 있는 모든 물질은, 우주의 별에서 만들어진 원소들이 특수한 결합으로 만들어진 서로 다른 특성을 가지는 분자가 기본이 되어 이루어진 것이다.

이들 분자는 상호 반응하여 더 큰 분자를 만들기도 하고, 덩치가 큰 중합물(2개 이상의 단량체가 결합하여 2배 이상 큰 분자량의 화합물)을 만들기도 하는데, 역으로 분해 반응을 일으키기도 한다. 이와 같은 반응들은 모두 주어진 환경하에서, 반응시스템의 안정도가 커지는 방향으로 일어난다.

위와 같은 반응 원리(자연법칙)를 생각해 볼 때 지구상에 바다가 존재했다면 원시 바닷물에는, 우주에서 만들어진 원소들이 결합하여 만들어진 수소(H_2), 암모니아(NH_3), 메탄(CH_4), 탄산가스(CO_2) 등의 분자들이 녹아 있을 것이고, 바닷물은, 태양광선의 열기로 기온은 80도(섭씨)나 되는 고온에서 증발하여 증기가 되고, 식은 증기는 물이 되어, 천둥 번개를 동반한 폭우로 지상에 쏟아붓는 물의 회전 사이클이 이어졌을 것이다.

이러한 상황에서 물에 녹아 있는 분자들은 물이 있는 곳에서 서로 접촉하여 더 큰분자를 형성할 기회가 주어지게 되었을 것이다.

이러한 가설을 입증하기 위하여 1955년 미국의 과학자 밀라(S.L.Miller)는 원시 지구를 모방하여 메탄, 암모니아, 물, 수소 등의 혼합물을 유리 용기에 넣고 가열하면서 지구에서 일어났을 법한 번개 대신 방전을 시켜, 유기물이 만들어지는지를 실험한 결과, 생물의 탄생에 필요한 물질들 즉 전 생물학적 물질인 아미노산, 당, 지방산, 뉴클레오티드 등의 큰분자가 합성되었다.

원시 바다에서 합성되었을 것으로 보이는 아미노산이 중합되면 단백질이 되고 뉴클레오티드(염기와 인산-오탄당과 결합물)가 중합되면 DNA(유전자)의 한 가닥인 RNA가 된다.

RNA(리보핵산, RiboNucleic Acid)는, RNA 특유의 염기(A. 아데닌 G. 구아닌 T. 타이민 C. 사이토신)서열로 이루어졌고, 이 염기 서열은 단백질 합성 정보를 가지고 있으며, 자기 자신을 복제할 수 있는 기능을 가질 뿐 아니라, 자신과 다른 서열의 RNA를 합성하는 촉매작용도 한다.

이와 같이 RNA가 자기 복제(자손을 만듦)한 시점을, 원시 생명체가 탄생한 시점으로 보면, 이때부터 생명체는 진화가 시작하게 된다.

진화이론은, 위대한 찰스 다윈(Charles Dawin, 1809~1822)이 1858년 "종의 기원"으로 발표한 이래 오늘에 이르기까지, 검증에 검증이 거듭된 결과로 확립된 이론이다.

진화란, 생물 세계에서 자기 복제(번식)는 불변의 자기를 반복 생산하는 것이 아니라, 항상 조금씩 서로 다른 복제물(이를 변이라 함)들이 생겨나게 마련이고, 이들 변이 중에서 자연환경에 더 적합한 것이, 더 많이 번식하여 개체군(무리)을 이루게 된다는 뜻이다.

이를 자연선택이라고도 하는데, 자연이 적극적으로 변이를 선택한다는 뜻이 아니라 자연적으로 일어나는 선택이란 뜻이다.

RNA가 자기 복제를 한 시점부터, 생물은 다윈의 진화법칙에 따라 RNA가 복제될 때마다. 자기와 조금 다른 변이가 만들어지게 되고, 이들 변이 중에서 자연조건에 더 적합한 것이, 더 많이 번식하는 차등 번식을 하는 과정을, 수십억 년 동안 수없이 거치면서, RNA는 40~35억 년 전에 원핵세포(세포막이 있는 세포)로, 30억 년 전에는 시아노박테리아로, 15억 년 전에는 진핵세포(핵막이 더 있는 세포)로, 10억 년 전에 다세포 생물을 거처 5억 5천만 년 전에는 동물의 탄생 순으로 진화하게 된 것이다.

이 과정을 조금 더 설명하면,

RNA가 촉매가 되어 자신을 복제하기보다는, 자신보다 촉매 기능이 뛰어난 단백질을 만들어 촉매로 사용하는 RNA가, 생존과 번식에 유리했을 것이다.

또한, RNA 분자가 자신을 복제하기 위하여 촉매 단백질을 합성함에 있어, 합성된 단백질이 자신과 밀착해 있지 않으면 촉매 효율이 크게 떨어졌을 것이다.

그래서 자기가 만든 단백질이 멀리 흘러가는 것을 방지하기 위하여, 세포막을 만들어 합성된 촉매 단백질을 가두어 놓을 수 있는 세포막을 가진 원핵세포가 탄생하게 되었을 것이다.

세포막을 구성하는 인지질 물을 실험관에 물과 같이 넣고 관찰했더니, 인지질은 적당한 모양으로 모여 막을 자연스럽게 형성하는 것으로 보아, 세포막을 형성하는데, 별다른 어려움이 없었을 것이다.

게다가 세포 내에 유전정보를 보존하는데, 뉴클레오티드 한 가닥으로 된 RNA로서는 불안정하여, RNA 두 가닥이 서로 보조하는 나선 구조로 꼬인 DNA 구조로 저장하는 것이 훨씬 안전했을 것이다.

이와 같은 DNA 구조는, 1953년 제임스 왓슨(James Watson, 1928~)과 프랜시스 크릭(Francis Crick, 1916~2004)이 공동으로 밝혀냈다. 이 공로로 1962년 노벨 생리의학상을 받았다.

이와 같이, 세포막과 DNA 저장 조건이 모두 충족하는 상황에서, 원핵세포 생물인 박테리아가 탄생하기는 어렵지 않았을 것이다.

하지만, 박테리아의 정확한 탄생 시기는 그 크기가 지름 1㎛(1/1,000mm)보다도 작은 유기물에 불과한 것이어서, 아직도 화석으로 이를 입증하지는 못했다.

박테리아는 바다에서 생성된 유기물을 분해하여 먹고사는데 적당한 온도에서 먹이만 있으면 20분에 두 배씩 기하급수적으로 늘어나기 때문에, 시간이 지나면서 그 수가 늘어, 먹이의 부족 현상이 생기게 되었다.

그래서 탄산가스와 물 그리고 햇빛으로 유기물을 합성(탄소동화작용)하는 변종 박테리아인 시아노박테리아가 30억 년 전에 탄생하여 크게 번식하게 되었다.

시아노박테리아에 의한 유기물 합성과정에서 산소(O_2)를 발생시키게 되므로, 이때부터 공기 중의 산소의 농도가 급격히 증가하게 되었다.

이때까지의 박테리아들은 산소 없이 살아가거나, 또는 산소를 기피하는 혐기성 박테리아였는데 갑자기 산소가 늘어나게 되자, 산소를 이용하여 에너지를 효율적으로 만들어내는 '호기성 박테리아'가 탄생하게 되었다.

한편 혐기성 박테리아는 외부환경과 연관된 기능들이 늘어나게 됨에 따라 DNA 뭉치가 커지자, DNA 뭉치를 더 안전하게 보호하기 위하여 15억 년 전에 DNA 뭉치인 핵을 보호하기 위한, 핵막을 가진 '진핵세포'로 진화하게 되었는데, 이 진핵세포의 크기는 원핵세포인 박테리아의 1,000배 이상 되는 큰 세포이다.

유기물 분해 과정에서 얻어지는 에너지에 의존하던 진핵세포는, 산소를 이용하여 에너지를 효율적으로 만드는 '호기성 박테리아' 가 먹이를 찾아 침입했을 때, 그를 자기 세포 내에 흡수하여 먹이를 주면서 에너지를 만들게 하여, 그 에너지를 이용하는 공생관계를 만들었다.

이 진핵 세포와 호기성 박테리아는, 오늘날의 동물의 세포와 세포 내에서 에너지를 만드는 역할을 담당하고 있는 '미토콘드리아'가 되었다.

여기에서, 호기성 박테리아와의 공존만으로 만족하지 못하고, 다시 광합성 시아노박테리아와 공생하여 에너지를 얻어 낼 수 있게 된 진핵 세포가 생겼는데, 이 세포는, 오늘날의 식물 세포가 되고 시아노박테리아는 엽록체가 되었다.

오늘날의 동-식물의 세포와 동일한 구조를 가진 진핵 세포가 탄생한 상황에서, 생명체는 혼자 사는 것보다 같이 사는 것이 서로 간에 이익이 된다는 생물계의 특징을 생각하면, 똑같은 세포들이 한데 모여 생존에 필요한 여러 역할을 분담하는 느슨한 세포 협력체인 '다세포 생물'은 그리 어렵지 않게 탄생하게 되었을 것이다.

10억 년 전에 탄생한 '다세포 생물'은, 세포의 분열로 자손을 이루어 가며 독자적으로 살아가는 단일 세포와는 달리, 동일한 세포들이 생존에 필요한 호흡, 신경, 소화, 배설 등의 기능별로 모여 한 몸체처럼 공생하는 체제이다. 말하자면 똑같은 유전자를 가진 똑같은 세포들이 기능별로 모이고, 모인 기능들이 하나의 몸체처럼 활동하는 공동 생명체이다.

공동 생명체 내에서 세포는 각자의 역할을 분담하게 되는데, 세포가 생존에 필요한 역할을 모두 다 할 수 있는 유전자 중에서, 자기 역할 만을 수행하는데 필요한 유전자만을 발현시켜 각자의 역할을 분담하도록 되어있다.

다세포 생물에서의 세포들은, 동물의 조직과 기관에 해당하는 '미니어처(miniature)'로서, 신경계, 소화기계, 호흡기계, 내분비, 골격, 운동, 피부, 생식, 면역 등의 기능을 분담하는 동물로 진화하기 직전의 전 동물의 기관에 해당된다.

수만 개 정도 또는 그 이상의 세포들의 느슨한 공동체이던 다세포 생물은 점차 기능과 형태 그리고 규모별로 각양각색의 모양으로 발전하여, 결국 각각의 별개의 특성을 가진 다양한 동물과 식물로 진화하게 되었다.

혼자서는 생존하기 힘든 특성을 가진 것이 생명체이다. 게다가, 둘이 살면 혼자 사는 것보다 돈이 덜 든다는 오랜 속담과 작업을 분업화하면 전술적인 이익이 생긴다는 헨리 포드의 경영이론으로 미루어 생각해 보면, 15억 년 전에 진화한 진핵 세포들이 10억 년 전 다세포 생물을 거처 5억 5천만 년 전에 동물로 진화했다는 역사적 사실에 수긍이 가고, 당시의 동물화석 등으로도 입증되었다.

동물의 몸체를 만드는 설계는, DNA의 청사진에 의한 것인데 DNA는 그 청사진에 의하여 단백질을 만들고, 단백질에 의하여, 세부적인 동물의 몸체 구조를 시공하게 됨으로써 복제물이 완성되는 것이다.

그 과정을 조금 설명하면,

수정된 세포가 2배수 방식의 분열-증식하면서, 등, 배로 시작하여 몸의 세부적인 구조를 만들어가게 되는데, 일정 규모의 크기로 증식되면 배(embryo)가 만들어지고, 배로부터 동물의 기관별로 세분화된다. 기관별로 세분화된 세포가 증식되어 일정 규모로 커지면 소정의 장소로 이동하여 적층하는 방식으로 몸체의 각각의 기관들의 구조가 형성됨으로써 동물의 복제가 완성된다. 이때 복제 과정에서 수많은 종류의 단백질이 관여하게 된다.

예를 들어, 아프리카 발톱개구리의 경우, 수정란에서 머리와 꼬리 부위가 구분되고, 수정되면 등, 배가 결정되며, 수정 세포가 분열 증식해서 일정 수준의 규모로 커지게 되면 낭배가 형성되어, 소화기관이 생기는 시점에 오면, 낭배는 '내배엽', '외배엽과', '중배엽'으로 나누어진다.

내배엽은, 항문, 방광, 간장, 췌장, 식도, 폐, 귀 등으로 분화하고 중배엽은, 뼈, 근육, 혈관, 심장, 신장 등으로 분화하고 외배엽은, 손톱, 피부, 머리카락, 눈, 신경, 뇌 등으로 분화하여 아프리카 발톱개구리가 완성된다(그림 8 참조).

단백질의 역할은, 특정 세포가 분열 증식하고, 증식된 세포를 적소에 이동시키며 이동된 세포들이 적소에서 적층하여 세부형태를 만들어서 형태 특유의 기능을 수행하는 구조를 완성하는데, 이 과정들에 10만 가지가 넘는 단백질이 관여한다.

이들 단백질은 세포 주위 환경에서 오는 신호로 특정 유전자를 발현시켜 만들어지기 때문에, 동물의 주인이 DNA라기보다는, 단백질이라고 주장하는 학자도 있다.

동물이 태어나, 유전자가 동물종의 특성을 나타나게 하는 기

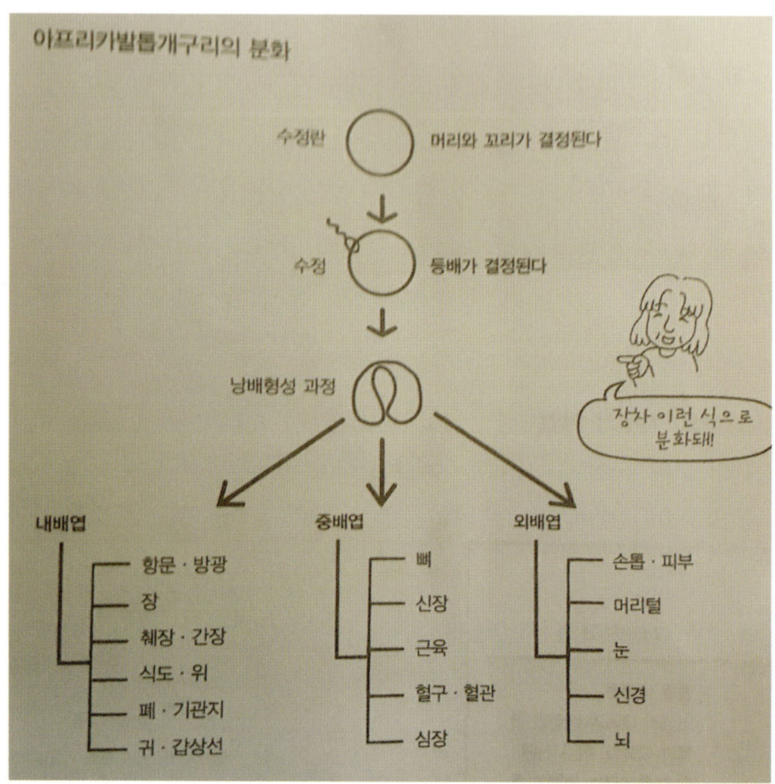

(그림 8) 아프리카발톱개구리의 분화(참고자료3'DNA법칙'에서)

본적인 설계를 하는 것이라면, 단백질은 상세 설계에 따라 시공과 마감 공사를 하는 것이기 때문에 개별적으로, 똑같은 세부적인 형태나 구조를 가진 동물이 태어날 가능성은 거의 없다.

동물의 역사와 진화에 들어가기 전에, 먼저 생체 내에서 DNA 만큼이나 중요한 역할을 하는 단백질에 관하여 살펴보겠다.

세포 내에 있는 단백질을 크게 나누면, 환경의 자극을 받아들이는 수용기 단백질, 수백 가지 정보를 전달하는 정보 단백질,

항체 단백질, 세포의 형태와 운동성을 조절하는 골격 단백질, 분자를 분해하거나 합성하는 효소단백질, 기관이나 근육들을 지배하는 효과기 단백질(effector protein) 등등이다.

단백질은 아미노산의 중합체인데, 20여 종의 아미노산은, 마치 서로 다른 하나하나의 구슬을 실로 엮어 목걸이를 만들 듯, 아미노산 한 개씩 길게 중합하여 단백질이 만들어진다. 이때 아미노산의 종류와 순서를 다르게 하고 여기에 중합도까지 변수로 넣어본다면, 단백질의 가짓수는 거의 무한대에 이르게 된다.

단백질의 종류가 많다는 것은 단백질의 쓰임새도 많다는 뜻이 된다.

게다가 단백질은 3차원 구조로 접히고 접힌 부위(활성 부위)에 따라 기능도 달라짐으로, 단백질의 기능을 모두 파악한다는 것이 얼마나, 어려운 일인지 상상조차 하기 힘들어 보이는. 아직은 미지의 세계이다.

단백질은 세포핵 안에 있는 DNA로부터 합성되는데, DNA는 두 가닥의 뉴클레오티드(RNA)가 이중나선형으로 상호 보완적로 결합된 구조물이다.

뉴클레오티드는, 티민(T), 아데닌(A), 시토신(C)과 구아닌(G)의 네 가지 염기에 각각 인산과 오탄당이 결합되어 있는 화합물이다.

세포가 내외부의 자극을 받으면, 자극에 따라, 해당되는 단백질 서열을 가지고 있는 DNA 부위의 2중 나선 구조를 풀고, 풀어진 가닥에 상보적(Copmplementary)인 서열을 가지는 복사물

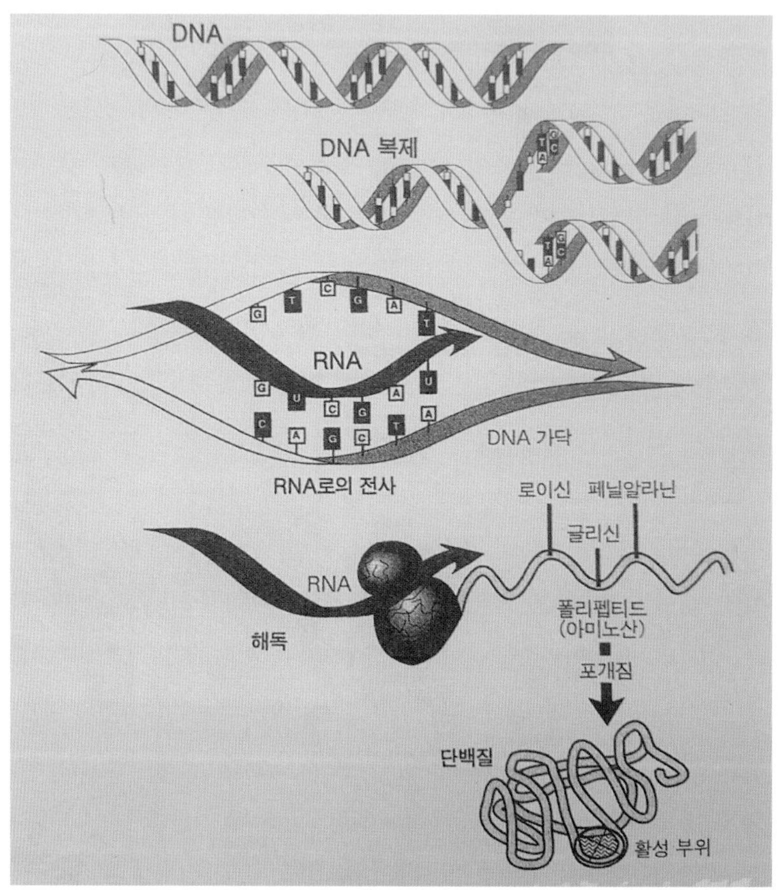

(그림 9) 단백질로의 유전암호 해독(분자생물학 단기 강좌). DNA는 상보적인 뉴클레오티드 염기 사이에 약한 힘에 의해 지탱되는 두 개의 가닥으로 이루어져 있다. 구아닌(G)은 시토신(C)과 쌍을 이루고, 아데닌(A)는 티민(T)과 쌍을 이룬다. 한 가닥 내의 염기들은 더 강한 힘에 의해 연결된다. 염기들은 세 개씩 일련의 암호로서 서열을 이루는데, 이 서열은 각각 소정의 아미노산(단백질 구성 요소)을 지정한다(참고자료 15 '신경과학과 마음의 세계'에서).

을 만든다.

이 복사물이 m-RNA(messenger Ribo Nucleic Acid)이다.

복사된 m-RNA는 세포 내 기관인 리보좀이라고 하는 데서, RNA 염기 3개에 해당하는 아미노산 1개씩을 골라, RNA가 지정하는 서열에 따라 차례로 중합시켜, 해당하는 단백질을 합성한다(그림 9 참조).

4. 동물의 역사와 진화

동물이 처음 탄생한 시기는, 절지동물에 속하는 삼엽충 화석을 근거로 5억 년이 넘는 시기라는 설과 원생생물로부터 다세포 생물로 분기되는 시점을 근거로 10억 년 전으로 추정하는 설이 1990년까지 양립하였으나, 21세기 초반 6억 년 이전에는 동물이 없었고 동물이 처음 탄생한 시기는 5억 5천만 년이라는데, 동의가 이루어졌다.

동물의 역사는, 새로 발견되는 화석을 바탕으로 하는 화석 기록(fossil record)에 의하여 쓰여 지는데, 화석은 지질학적 시간의 척도가 되는 퇴적층에서 발견된다.

퇴적층은 더 나이든 층이 더 젊은 층 밑에 깔리는 방식으로 순차적으로 층을 형성하는데, 형성된 지질층을 시기별로 구분한 연대를, 지질연대라 한다.

지질 연대는 크게 나누어 고생대, 중생대, 신생대로 구분하고 이를 세분한 층으로 구분하는데 세분된 각층의 명칭은 층이 처음 발견된 지역 명칭이나 그 층의 특성을 상징하는 명칭으로 퇴적층의 이름이 지어졌다(그림 10 참조).

지구 역사에 나타난 6대 멸종 사건

이언	대	기	세	시기
현생이언	신생대	제4기	인류세	현재
			홀로세	1만1700년 전~
			플라이스토세	180만년 전~
		제3기	플라이오세	530만년 전~
			마이오세	2300만년 전~
			올리고세	3390만년 전~
			에오세	5580만년 전~
			팔레오세	6550만년 전~
	중생대	백악기		1억4500만년 전~
		쥐라기		1억9960만년 전~
		트라이아스기		2억5100만년 전~
	고생대	페름기		2억9900만년 전~
		석탄기		3억5900만년 전~
		데본기		4억1600만년 전~
		실루리아기		4억4400만년 전~
		오르도비스기		4억8800만년 전~
		캄브리아기		5억4200만년 전~
원생이언				25억년 전~
시생이언				46억년 전~

6대멸종사건

인류의 생태계 파괴로 향후 500년 동안 지구 생물종의 20~50%가 멸종할수도

백악기 말 멸종
(6550만년 전)
생물종의 75%가 멸종

트라이아스기 말 멸종
(2억500만년 전)
생물종의 80%가 사멸

페름기 말 멸종
(2억5100만년 전)
바다 생물종의 96%, 육지생물종의 70%가 멸종

데본기 말 멸종
(3억7000만년 전)
생물종의 70% 사멸

오르도비스기 말 멸종
(4억4000만년 전)
생물종 85% 사멸

자료:지질환경과학
(시그마프레스, 2010년)등

(그림 10) 지질연대표(지질학적 시간 척도(55p))

예를 들면, 캄브리아기(5억 4천 2백만 년 전~4억 8천 9백만 년 전)는 영국 웨일스(Wales) 지방의 옛 이름을 딴것인데 아담 새지빅(Adam Sedgwick 1785~1873)이, 이 지역에서 새로운 퇴적층을 발견하여 붙여진 명칭이고,

석탄기(3억 5천 9백만 년 전~2억 9천 9백만 년 전)는, 이 시기에 무성했던 나무가 쓰러져 매몰 퇴적되어 석탄이 된 시대의 특성을 상징하여 명명된 것이다.

동물 역사상 최대의 멸종이 있었던 페름기(2억 9천 9백만 년 전~2억 5천백만 년 전)는, 우랄산맥 서쪽 페름 부근에 잘 발달한 지층을 발견하고 지은 이름이고, 소행성이 지구와 충돌하여 공룡이 멸종하고 중생대에서 신생대로 넘어온 백악기(1억 4천 6백만 년~6천 6백만 년 전)는, 이 시기의 지층이, 동물성 플랑크톤(퇴적 매몰되어 석유와 가스가 됨)에서 비롯된 석회암이 흰색 백악(Chalk)으로, 이루어져 있어 백악기라고 붙여진 것이다.

동물은 왜 멸종과 진화를 거듭했을까?

동물은 누구나 알고 있듯이 첫째, 동물이 생존할 수 있는 온도 범위가 있다. 너무 차갑거나 더우면 살아남을 수가 없다.

둘째, 동물은 음식물을 산소에 의하여, 분해할 때 생기는 에너지를 사용하여 생존할 수 있기 때문에, 공기나 물에 녹아 있는 산소를 흡수하는 기관을 가지고 있어야 살 수 있다.

산소는, 지구상에 있는 식물이 광합성으로 유기물을 합성하는 과정에서, 부산물로 나온다. 오늘날 대기의 조성은, 부피로 질소

78%, 산소 21%, 나머지 1%는 수증기, 탄화 가스 등등이다.

대기는, 지구가 탄생할 때 용암이 식어가면서 고밀도의 철, 니켈 등은 중심부에 가라앉자 내핵을 형성하고, 중간에는 외핵과 맨틀 층이 그리고 바깥에는 지각이 형성되는 과정에서, 엄청나게 많은 기체가 지구 표면 아래 깊은 곳에 격리되었다가, 시간이 지나면서 지표 표면으로 분출된 기체 성분을 바탕으로 구성된 것이다.

분출된 기체 중에 산소는 거의 없었으므로, 대기 중에 있는 산소는, 대부분 식물과 시아노박테리아가 빛에너지를 이용하여 탄산가스와 수분을 결합시켜 탄수화물을 만들어내는 소위 '탄소동화작용'에서 나온 부산물이다.

대기 중의 산소는, 탄소, 황 또는 철 등과 결합하여 이들 원소의 산화물 상태로 저장되었다가, 유리 산소로 대기 중에 풀려나오는 순환과정을 통하여 대기 중에 상존하게 된다.

대기 중의 산소 농도는 특히, 탄소의 순환과 직접적인 관계가 있다. 예를 들면, 생물체를 구성하는 주성분은 탄소가 주성분인 탄화수소이고 대기 중의 산소는 탄화수소와 반응하여 탄산가스와 물로 분해하는 데 쓰인다. 그래서 생체가 매장되어 탄화수소가 산소와 반응하지 못하거나, 또는 반응 속도가 늦추어지면 대기 중 산소 농도가 높아지고, 역으로 빨라지면 산소 농도가 낮아진다.

과거 시대별 산소 농도 수준을 계산해 내는 많은 방법 중, 미국 예일대학 로버트 버너(Robert Berner 1935~2015) 교수가 제자들과 같이 개발한, 지질 연대별 산소와 탄산가스의 농도

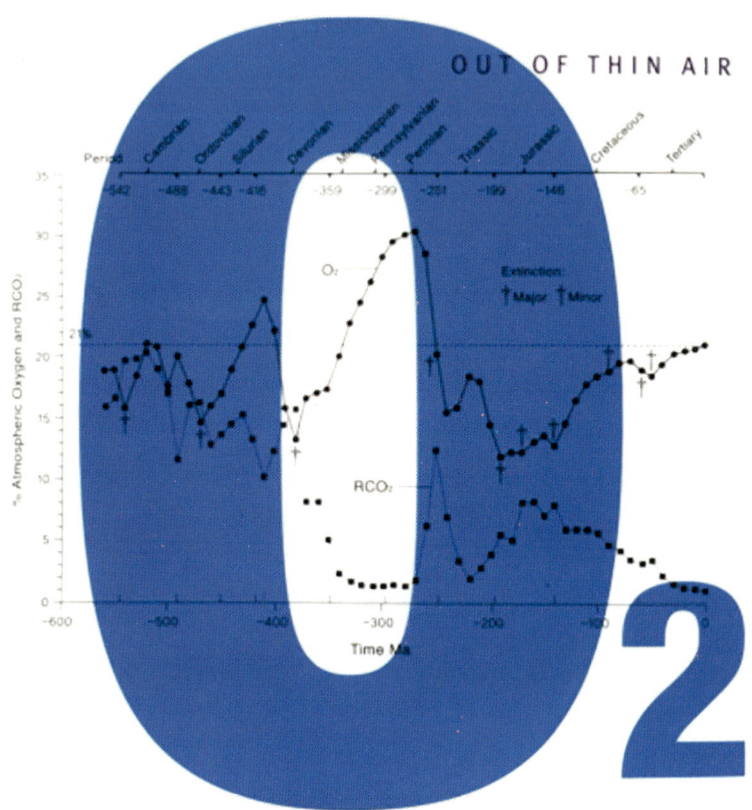

(그림 11) "버너곡선" 대기 중의 산소농도 변화(진화의 키, 산소농도/뿌리와 이파리, 피터 워드)

수준을 계산한 모형인 '버너 곡선'은, 최근 노어 버그맨(Noah Bergman)등 3인이 더 많은 변수를 넣어 새로운 결과를 얻었으나, 버너 곡선과 별 차이가 없어, 버너 교수가 개발한 '버너 곡선'은 더욱더 신뢰받게 되었다.

동물 역사에서 5대 멸종 시기가 있었는데 그중 4대 멸종과 캄브리아기 말의 멸종 시기는, '버너 곡선'에 표시되는 산소의 농도가 낮아진 시기와 거의 일치한다.

동물의 역사는, 처음 출현했던 동물이 번성했다가 멸종하면 또 다른 동물이 출현하게 되는, 멸종과 진화의 순환이 오늘날까지 지속되었다. 이는 지구환경 특히 대기의 조성 중 산소 농도의 변화가, 동물의 멸종과 진화에 크게 영향을 미쳤기 때문이다.

동물이 처음 출현한 시점인 5억 5천만 년 전의 지구는, 지금보다 바다가 더 넓고 상대적으로 육지가 좁았으며 기온은, 높고 자외선이 더 강하고 대기 중에는 이산화탄소가 많고 산소는 적었다. 이때 동물의 몸 설계에서 호흡기관의 설계가 가장 중요한 요소가 됐을 것이다.

동물이 생존하고 이동하는 데에 에너지가 필수적인데, 산소가 없으면 에너지를 만들 수 없기 때문이다.

이는 산소가 없는 땅속 깊은 곳이나 용존산소가 없는 흑해의 깊은 물 속에 생물이 없는 것으로 미루어 생각해봐도 알 수 있다.

동물은, 공기 중의 산소 농도가 높은 시기에 출현하여 번성하였다가 산소 농도가 낮아지는 시기에 멸종하게 되는데, 다른 한편으로는 낮은 농도의 산소 환경에서, 산소 흡수 효율을 높이는 호흡기 형태의 진화가 일어나게 되어 새로운 종의 동물이 탄생하게 된다. 즉 동물의 역사는 산소의 농도 변화에 따라 멸종과 진화를 거듭하며 오늘에 이른 것이라 볼 수 있다.

공기 중의 산소 수준이 15% 언저리 아래로 떨어지는 시기에, 동물은 낮은 수준의 산소에 적응하기 위하여 산소 흡수 효율을 높이는 형태로 진화하게 되어, 새로운 형태의 종이 형성되는 비율이 높아진다.

하지만 이에 적응하지 못하는 동물의 종들은, 모두 죽임을 당하는 대멸종을 맞이하게 된다.

동물은, 5억 5천만 년 전에 처음으로 출현하였는데 이후 5억 3.400만 년 전 캠브리아기의 동물 폭발이 시작되기 전에 산소 수준은 13%로 하강했다가 다시 상승하게 됨으로써 폭발적으로 많은 동물이 탄생하고 번창하였다. 그중에서 제일 많은 동물은 절지동물이었다.

절지동물(삼엽충, 거미, 지네, 게, 가재 류 등의 조상)들은, 저산소 상황을 맞이하여 아가미를 충분히 적게 만들어, 이를 몸마디 마디 밑에 두고, 아가미에 물을 펌프 하여 물에 녹아 있는 산소(물 1리터당 약 7ml 용해됨)를 흡수하는데, 유리하도록 진화해서 저 산소 환경에 적응한 것이었다.

절지동물 다음으로 많은 동물은 연체동물(소라, 우렁이, 조개, 오징어, 낙지 등의 조상)이었다. 연체동물은 분절되지 않은 단일 몸에, 원시적인 형태인 탄산칼슘 껍데기를 썼는데. 펌프 아가미를 껍데기와 섬모 체계 사이에 갖추도록 진화한 결과, 이를 바탕으로 수많은 변종이 탄생하게 되었다.

여기에서 특기할만한 것으로는, 물고기 모양의 척삭동물(신경삭이 등 쪽에 있는 특징은 척추동물의 조상으로 보이기도 한다)이 캄브리아기 대폭발 기에 발생된 동물군에 끼어있었다는 것이다.

캄브리아기(5억 4천 4백 년 전~4억 9천 8백만 년 전)는 동물 역사의 출발점인 동시에 동물의 폭발기이다.

많은 종류의 동물 조상들이 폭발적으로 진화하여 번성한 시기였다는 사실은, 캐나다 버제스 화석과 중국 쳰장 화석으로 잘 입증되었다.

5만 점이 넘는 버제스와 쳰장의 동물화석의 가지 수는 동물의 종으로 150가지에 이른다. 그중 절지동물이 대부분을 차지하고 그 외 해면동물(Sponges)과 완족 동물(Brachiopoda)들이 있었다.

캄브리아기는 5천여만 년이나 지속되다가 캄브리아기는 말기에 동물들은 지구 역사상 5대 멸종에 버금가는 대멸종을 맞이하여 마감되었는데, 이 시기는 캄브리아 대폭발기에 높았던 산소 농도가 캄브리아기의 끝자락에서 갑자기 낮아진 시기와 일치한다.

캄브리아기에 이어지는 오르도비스기(4억 9천 8만 년 전~4억 4천 3백만 년 전)의 동물은 1인치 미만이었던 캄브리아기 동물보다 훨씬 더 큰 동물의 시기였다. 무척추동물 중 '껍데기 동물군'인 완족 동물이, 우점 했고 산호류와 최초의 골격을 가진 어류가 이 시기에 생겼다.

캄브리아기에 식물은, 이끼 정도가 있었는데 식물이 지상에 많아짐에 따라 지네를 닮은 절지동물이 일부가 육지로 이주했다.

오르도비스기 말쯤에, 산소의 농도가 최저 수준까지 떨어지게 됨에 따라는 대규모 멸종(5대 멸종 중 첫 번째 멸종)이 있었다.

오르도비스기에 이어지는 실루리아기에서 데본기(4억 4천 3백만 년 전~3억 5천 9백만 년 전) 사이에서는, 초기부터 다시 산소가 급증하여 25% 수준까지 올라갔다가 데본기의 끝자락이었던 3억 5천만 년 전에는 12% 수준으로 급감하여 데본기의 대멸종(5대 멸종 중 두 번째 멸종)을 맞이하였다.

데본기의 대멸종 원인이 혹시 소행성의 충돌이었나 보고 단서를 찾는 노력을 해보았지만 찾지 못하였다.

석탄기(별칭: 미시시피기~펜실베이니아기)에서 페름기(3억 5천 9백만 년 전부터 2억 5천 1백만 년 전) 사이인, 3억 3천만 년 전부터 2억 6천만 년까지는 30%를 오르내리는, 고산소 시기이었다.

이 시기 침엽수(소나무, 전나무 등)를 닮은 나무가 끝없이 줄을 지어 있었는데, 키는 크고 뿌리가 얕은 원시 나무이다.

절지동물은, 오늘날 지구에 살고 있는 종과 비슷하지만 보다 큰 거구이었고, 날개폭 1m 크기의 잠자리 등의 거대한 곤충들과 90cm~1m의 지네들, 그리고 거구의 도마뱀, 악어, 공룡이 될 뿌리 혈통들이 있었다.

해양에서도, 큰 상어, 현대의 오징어와 유사한 두족류(다리가 머리에 달려 있는 오징어와 유사) 등이 있었다.

공기 중에 산소가 많았던 이유는, 3억 7천 5백만 년 전에 생겨난 나무숲들이 당시 대륙이 하나로 뭉치는 대륙 이동으로 대서양이 닫치면서 북유럽과 북아메리카가 충돌하고, 남아메리카가 아프리카와 충돌하여, 봉합선을 따라 거대한 줄기의 산맥이 솟았다.

원시나무들은 거의 모두 쓰러지고, 그 위에 퇴적물이 쌓여 나무가 덮여있어 나무가 분해되지 않아 산소 소모가 줄어든 데다. 새로운 나무와 바다의 나무라 할 수 있는 식물성 플랑크톤이 번성하면서 산소를 방출하였기에 고산소 상태가 상당 기간 지속되었다.

대륙은 윌슨 주기(Wilson cycle)에 따라 이동한다. 윌슨 주기는 5억 년이다.

5억 년 전의 대륙은 넓게 흩어져 있었다. 2억 년 동안 대규모 이동과 충돌로 3억 년 전에는 어느 때보다도 큰 땅덩어리와 높은 산맥을 만들어냈다.

2억 년 전 무렵에는 뭉쳤던 땅덩어리가 흩어져 대서양이 생기고 1억 2천만 년 전 무렵 아프리카, 남극, 인도와 오스트레일리아가 분리하는 방향으로 이동해, 현대 세계 대륙의 형태로 흩어졌다.

과거의 대륙 이동 모형을 이용하여 미래 2억 5천만 년 후 예측되는 대륙의 모형은 2억 5천만 년 전의 대륙으로 되돌아갈 것이라고 한다.

대륙이 쪼개졌다 합쳐지는 주기를 처음 발견한 사람은 캐나다 지질학자 윌슨(1908~1993 John Tuzo Wilson)이다. 그래서 윌슨 주기라고 부른다(그림 7 참조).

고산소 시기였던 약 3억 3천만 년 전에 '양막란(외부에 단단하고 다공질인 석회나 가죽으로 외막 쌓아, 배아 보존과 물의 증발을 방지하고, 산소는 공급받되 탄산가스는 배출할 수 있는 알)'의 진화가 이루어지면서, 양서류에서 파충류로 진화되었고 2억 5천만 년 전에서 2억만 년 사이에서 파충류에서 조류와 포유류로 진화하게 되었다.

이 시기에 동물이 번식하는 방식은 난생과 태생이 있었는데,

난생(oviparity) 번식은, 알의 껍데기는 습기가 안에서 밖으로 새어나가지 않도록 하면서, 알이 보존되고 부하되는데 필요한 산소를 외부로부터 받아들일 수 있는 구멍이 뚫린 석회질 껍데기나 가죽에 가까운 두꺼운 껍데기로 된 오늘날의 양막란과 유사한 구조의 알을 낳아 번식하였다.

태생(viviparity) 번식은, 태아는 온도 변화, 건조, 산소결핍 등의 문제는 없으나, 어미의 몸이 무거워 잡혀 먹일 위험이 있고 홀몸일 때보다 먹이를 더 많이 먹어야 하는데, 어려움이 있다.

한편 온혈동물은 추위에도 일정한 체온을 유지할 수 있으나 뜨거운 기후에 살기 힘들고 냉혈 동물은 체온을 주변 온도에 맞추기 때문에 추위에 활동하기 어렵다.

페름기 말 2억 5천만 년 전에는 대대적인 멸종(5대 멸종 중 세 번째 멸종)이 바다와 육지에서 동시에 일어났는데 종의 90%가 멸종되었다. 많은 연체동물, 많은 어류 등, 거의 모든 동물 혈통이 크게 감소했다. 생존자들은 텅 빈 세계를 물려받았다.

페름기 대멸종의 원인은, 이산화탄소와 메탄가스가, 온난화 현상을 일으켜 지구는 극지방에 있는 얼음까지 모두 녹일 정도

로 더웠고, 황을 대사로 하는 박테리아가 성장하여, 맹독성 유화수소의 농도가 높아진 데다가, 석탄기에 매장되었던 식물 퇴적물이, 퇴적분지의 융기로 노출되어 산소와 결합하여, 탄산가스가 됨에 따라, 산소의 농도가 페름기 초기 35%에서 12% 수준까지 하락 폭이 커졌기 때문이다. 페름기의 멸종은 수백만 년 동안 너무나 오랜 기간에 걸친 파격적인 대멸종이었다.

이때 고생대 동물은 멸종되고, 새로운 중생대를 대표하는 공룡, 악어 등이 등장하였는데 이 또한, 멸종을 통한 종의 제거로, 새로운 조건에 적응하려는 종에게는 기회가 되어, 진화가 이루어질 수 있게 된 것이라 하겠다.

트라이아스기에서부터 주라기 사이(2억 5천 1백만 년 전부터 1억 4천 6백만 년 전까지)는, 오늘날보다 낮은 산소 수준이었다. 즉 새로운 몸 설계를 창조해낸 시기이다.

이 시기에 고사리 나무와 침엽수가 우거져 있었고, 동물은 나무 밑에서 사는 키노돈트 같은 포유류형 파충류들과 숨어서 먹이를 기다리는 육식동물 그리고, 길이 1.5m~3m 비교적 큰 네발 달린 초식동물들이 살았다.

그러나 대기 중 산소 수준이 3,000M 고지 수준이었기에, 덩치가 큰 동물들은 움직일 수가 없어 생존하기 어렵게 되어, 대멸종(5대 멸종, 중 네 번째 멸종)을 겪게되었지만, 저 산소 환경에 적응하기 위한 변화가 시도되어 살아남아 진화의 기회로 삼은 종은 이 시기에 크게 번창하였다.

예를 들면 도마뱀처럼 네발 동물은 뛰는 동안 양옆으로 흔들리는 충격 때문에 숨 쉬기가 힘든 문제를 극복하기 위하여, 네발을 버리고 두 발로 걷는 진화가 있었고, 진정한 포유류도, 트라이아스기 말에 나타났다.

이때 포유류는, 먹으면서 동시에 호흡할 수 있는 혁신적인 목구조를, 가지게 되었으며 게다가 횡격막(phren)이라는 근육이 생기면서 훨씬 더 힘차게, 공기를 들이마시고 내쉬는 구조를 가지게 되었다.

초기 공룡은 2억 3천 5백만 년 전에 출현했다. 대부분 두 발을 가진 육식 공룡이었다. 2천만 년 정도 지난 다음부터 다양한 종의 공룡이 출현하였는데, 네발 공룡조차도 두 발로 걷던 조상의 후손이다.

쥐라기에 하늘을 나는 조류인 익룡과 익수룡(익룡 일종의 박쥐 모양, 양 날개 펴면 8m)이 최초로 출현했다.

쥐라기의 포유류는 대부분 쥐만 한 크기였고 식물들은 겉씨식물인 침엽수, 소철 류, 은행류가 우점 했다.

백악기(1억 4천 1백만 년 전~6천 5백만 년 전) 초에 식물계에서는, 새로운 번식방법을 채택하여 적응한 꽃식물(속씨식물)이 급속히 흩어져, 지구상에 모든 곳에서 이전의 식물군을 압도하여 백악기 끝 6천 5백만 년 전 무렵에는 속씨식물이 90%까지 차지하게 되었다.

오늘날 주요 에너지로 쓰이는 석유와 가스는 유공충(동물성 플랑크톤의 일종)이 매장되고 분해되어 생긴 것인데, 유공충은 백악기의 바다에서 엄청나게 많이 번식되었다. 유공충은 산소가 낮은 조건에서는 번성하지 못하므로, 이 시기에 산소가 상승하였음을 알려준다.

1980년 버클리대학 알바레즈(Alvarez) 교수팀은 6,500만 년 전에 지름 10km의 소행성이 지구에 충돌하면서 멸종(5대 멸종 중 다섯 번째 멸종)했다는 가설을 발표했다.

그들은 그 근거로 이탈리아의 백악기 말의 점토층에, 이리듐 원소의 양이 아래 지층에서보다 30~40배 많다는 사실을 들었다.

이리듐(원자번호 77, 무거운 원소)은 지구에서 드물고 이리듐이 많이 있는 소행성이 지구에 충돌하고 그 충격으로 생긴 이리듐이 함유된 먼지가 공중으로 떠올랐다 가라앉으면서 점토층에 쌓인 것으로 추정했다.

그리고, 1991년에는 멕시코의 유카탄 반도 일대에 대한 탐사 결과 칙술루브(Chicxulub) 지역에 충돌했을 가능성이 큰 것으로 조사되었는데, 이는 충돌 때 순간적으로 녹았던 암석 방울이 식어 만들어진 마이크로텍타이트(Microtektite)이, 세계 곳곳에 있는 백악기 말의 지층에서 발견되었는데 멕시코에서는 지름 1m 크기, 이보다 먼 텍사스에서는 10cm 크기 그보다 더 먼 뉴저지에서는 2cm 크기의 암석 방울이 발견되었기 때문에 이 가설을 받아들이게 되었다.

소행성과의 충돌 당시 지구는, 충돌로 인한 먼지와 물방울이 대기권에 퍼져나가, 햇빛을 차단하여 추운 겨울이 지속되었고,

이에 따라 생태계가 파괴되었다. 먼지가 가라앉은 후에는, 물방울은 대기권에 머물러 온실효과를 만들었기 때문에, 더운 기간이 50~100만 년 동안 지속되었다.

이 기간에 동물들은 다섯 번째의 대멸종을 당하면서, 백악기가 마감되었는데, 공룡과 암모나이트(일명 암몬조개)가 100% 멸종되는 등 종의 수준에서 75%가 멸종되었고, 겨우 포유류, 새, 거북, 악어, 도마뱀 등이 살아남았다.

신생대(6천 5백만 년 전~현재)에는, 백악기의 대멸종 이후 육지에서는, 공룡의 퇴장으로 포유류 군들이 번성해 졌다. 포유류 군들은 백악기 멸종부터 덩치가 커지기 시작하여 수백만 년 지난 후에는 대형 포유류로 크게 부상하게 되었다.

대형 포유류가 부상하게 된 이유는 공룡의 퇴장으로 덩치가 커도 잡아먹힐 위험이 줄어든 데다 '버너 곡선'에 의하면 이 시기에 산소의 농도가 증가했기 때문이다.

산소 농도의 증가는, 포유류의 몸집이 커질 수 있게 해주고, 포유류가 번식하는데, 도움을 주었을 것이라고 하는데 이는, 태반 포유류는 수태한 암컷 포유류의 태반 안에 산소의 농도가 임계 수준에 달하지 못하면 태아를 양육조차 할 수 없을 정도로 중요하기 때문이다.

폴 팝코브스키(Paul Falkowsky)의 2005년 논문에서도, 태반에서는 산소가 녹아 있는 동맥혈관과 탄산가스가 녹아 있는 정맥과 섞인다. 태아는, 어미 동맥혈보다 산소 농도가 적은 산소를 가질 수밖에 없기 때문에, 공기 중에 산소 농도가 낮으면 태아가 양육될 수 없다고 했다.

실제로 포유류는 고도 4,200m 넘는 공기 중 산소 농도에서는 어떤 포유류도 번식할 수 없다는 사실도 확인되었다.

과거 1,000만 년 동안 산소 농도는 현재 수준보다 높았다. 5백만 년 전만 해도 28%나 되었다.

인간종의 신경계 조직 특히 뇌는, 어떤 조직보다 더 많은 산소가 필요하므로 산소 농도의 증가는, 뇌의 크기를 비교적 짧은 기간 내에 급속하게 키우고 늘어난 뇌신경 세포를 부양하게 되는 등, 인간종의 뇌 신경계 조직을 발달시키는 데에도 크게 기여했다.

2부

인류의 기원과 역사

1. 인간종의 탄생

인간종은, 영장 목 유인과에 속하는 오랑우탄, 고릴라, 침팬지 등의 공동조상에서, 800만 년 전 고릴라 침팬지 인간 공동조상으로 갈라지고, 600만 년 전에는, 염색체 23쌍을 가진 인간 속(호모 속)이 염색체 24쌍을 가진 침팬지와 보노보 조상과 갈라져, 동아프리카와 남아프리카 일대에서 400~100만 년 전에 서식했다는 사실이, 1924년 발견된 오스트랄로 피테쿠스의 화석으로 확인되었다.

인간 속에 속하는 인간종(호모 사피엔스 종)은, 15만 년 전에야 비로소 동아프리카에 처음으로 등장하였다.

칼 본 린네(Carl von Linne)는 1735년 생물을 처음으로 분류하였다. 이 분류에 의하면 생물은 동물계와 식물계로 나누어, 각각 문, 강, 목, 과, 속, 종으로 세분되는데 인간종은, 척추동물, 문, 포유 강, 영장 목, 유인과 호모 속, 호모 사피엔스 종(인간종)으로 분류된다.

인간종의 특징 중 하나는, 불과 2백여만 년에 걸친 짧은 기간에 두개골 크기가 커진 것이다. 두개골 용량의 변화를 보면 500cc 정도인 오스트랄로 피테쿠스에서 650cc인 호모 하빌리스, 1,000cc 정도인 호모 에렉투스를 거쳐 1,400cc의 호모 사피엔스로 커졌다.

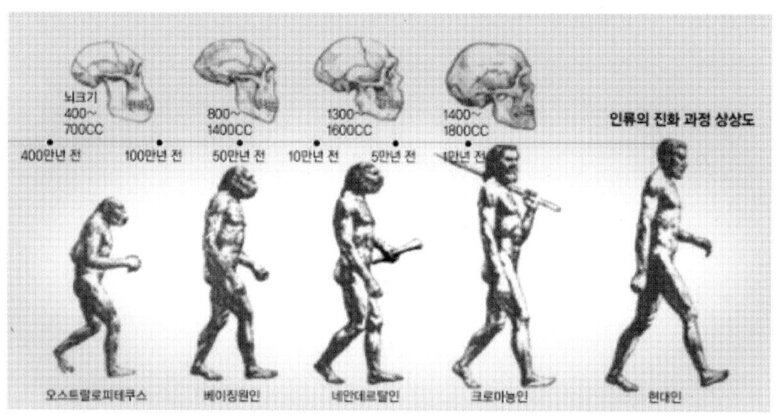

(그림 12) 인류의 진화과정 상상도(참고자료 15 '신경과학과 마음의 세계'에서)

약 200만 년 전부터 3만 년 전까지 지구상에, 여러 종의 호모 속 인종이 동시에 살았다.

15만 년쯤 전에 동아프리카에 등장한 호모 사피엔스 종은, 35만 년쯤 전에 유럽에 등장했던 네안데르탈인(1856년 독일 네안데르탈 동굴에서 발견됨)과 상당 기간 서로 다른 지역에서 공존했는데, 호모 사피엔스 종이 약 7만 년 전에 동아프리카의 아라비아 반도를 거쳐 유라시아 전체로 급속히 퍼져 나와, 3만 년쯤 전에는 네안데르탈인을 모두 멸종시킴으로써, 실질적으로 전 세계를 장악했다.

네안데르탈인은 호모 사피엔스보다 덩치도 크고 힘도 세며 두개골 용량도 1,500cc로 호모 사피엔스 보다 큰데, 호모 사피엔스에게 어떻게 멸종을 당하였을까?

호모 사피엔스(라틴어로 지혜가 있는 사람)는 사냥과 견과류 채취에 네안데르탈인보다 우수해, 네안데르탈인이 먹고살기가 힘들었을 거로 예측할 수도 있고, 또 하나는 호모 사피엔스는 집단을 만드는 능력이 우수해 먹이 경쟁 대상인 네안데르탈인을 집단의 힘으로 살해하여 멸종시켰을 거라고도 한다.

하지만 여기에서 가장 그럴싸한 해답은 호모 사피엔스만이 가지고 있는 고유의 언어라고 한다.

호모 사피엔스는, 발성 기관이 고도로 발달되어 있고 동시에 음성인지 능력이 발달함에 따라 그들의 언어는 놀라울 정도로 정밀하고 유연하여, 소리 또는 기호를 연결해 각기 다른 의미를 지닌 문장을 자유자재로 만들어 소통할 수 있게 되어있다.

이로써 그들은, 각 개인의 경험을 공유하고 협력하는 40~50명의 집단(사회)을 이루어 공동으로, 먹이에 관한 정보를 교환하고 위험에도 대처하는 집단을 만들 수 있게 되었다는 것이, 호모 사피엔스가 네안데르탈인을 멸종시키면서 지구를 독점하게 되었다는 가장 유력한 설명이다.

7만 년 전 호모 사피엔스는 무리를 지어 아프리카를 벗어나 놀랍도록 짧은 시간에 네안데르탈인을 몰아내고 약 4만 5천 년 전에는 유럽과 아시아에 진출하고 호주도 상륙하였다.

그리고 1만 5천 년~1만 2천 년 전에는 알래스카를 거쳐 북미와 남미까지 진출하였다.

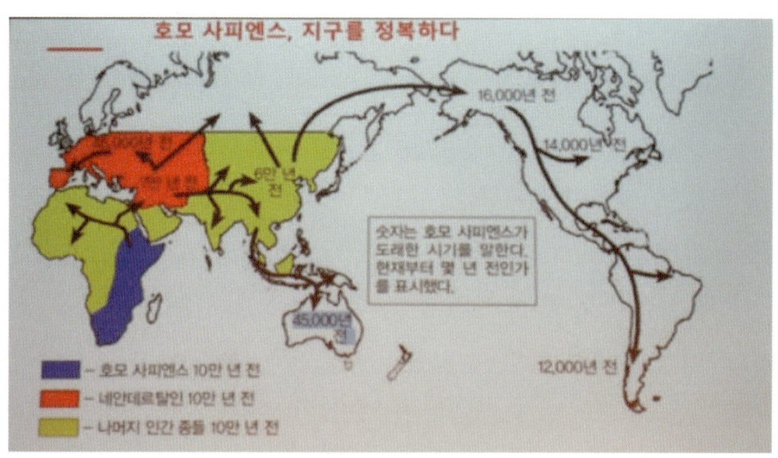

(그림 13) 호모 사피엔스, 지구를 정복하다(참고자료 6 '사피엔스'에서).

7만 년 전부터 3만 년 전까지, 네안데르탈인을 완전히 멸종시키는 동안, 호모 사피엔스는 배, 기름등잔, 활, 화살, 바늘(따뜻한 옷을 짓는데 필수 도구)을 비롯해, 예술품이나 장신구라고 이름을 붙일만한 최초의 물건들도 이 시기에 발명하였다.

그리고 종교와 상업 사회 계층화도 이 시기에 시작되었다.

호모 사피엔스는, 가상의 실재라고 하는 픽션과 사회적 구성물을 무한정 발명해내게 되는데, 그것에서부터 유발되는 다양한 지식, 신념, 행동 패턴 등을 우리는 '문화'라고 부른다. 그리고 문화의 끊임없는 발전적 변화를 '역사'라고 부른다.

그들은 40~50명 집단을 이루어진 공동체에서 사유재산이나 일부일처제 관념은 물론 아버지라는 개념도 없이 성인들이 모두 힘을 합쳐 애들을 키우고, 큰 동물들을 모두 잡아먹어 멸종시켰다(북쪽의 매머드, 아프리카 대륙의 곰 크기의 설치류, 호주의 200kg 넘는 캥거루 등등).

농업혁명 이전(1만 2천 년 전) 지구에 살고 있던 수렵채취인들(500~800만 명)은, 수천 개의 각기 다른 언어와 문화를 지닌 수천 개의 개별 부족으로 나뉘어 한때 나름 풍요한 사회를 이루고 살았다.

호모 사피엔스 종 이전의 호모 엘렉투스, 네안데르탈인 등 호모 속에 속하는 인종은 먹고살기 위해서만 스스로 자라고 번식하는 곡물과 동물만을 채취하고 사냥하며 살았다.

그러나 호모 사피엔스 종은, 가는 지역마다 떼를 지어 무차별적으로 사냥함으로써 대형동물들을 모두 멸종시키고 사냥감이 부족해지자, 동물과 식물의 생태를 파악한 머리 좋은 호모 사피엔스는 1만 년쯤 전부터 동물과 작물을 기르면서 고기와 곡물들을 더 많이 얻게 되었다.

2. 농업혁명

인간종이 채취와 사냥에서, 농업으로 이행한 것은 기원전 9500~8500년경 터키 남동부, 이란 서부, 그리고 에게해 동부지방에서 밀을 재배하고 염소의 가축화가 이루어졌다.

중미 사람들도, 다른 지역에서 밀과 옥수수를 재배한다는 사실을 모른 채, 독립적으로 옥수수와 콩을 재배했고, 남미 사람들은 감자를, 중국은 쌀과 수수를, 뉴기니 사람들은 사탕수수와 바나나를, 아프리카에서는 아프리카 쌀, 수수와 밀을 각기 자신들의 필요에 맞도록 작물화했다.

인간종이 농업으로 이행한 것을 역사는 농업혁명이라 부른다.

농업혁명으로, 식량의 총량이 확대되어 더 나은 식사나 여유시간을 가지게 됨에 따라, 인구는 폭발적으로 증가하게 되고 방자한 엘리트가 등장하게 되었다.

농경사회에서 농부들이 예측하지 못했던 사실은, 식량이 는 만큼, 아이들의 숫자도 늘어 식량의 여유가 없어질 것과 단일 식량에 의존도가 높으면 가뭄에 취약하고, 풍년에는 넘쳐나는 창고에 도둑과 적을 방비하기 위하여 성벽과 보초를 세울 수밖에 없다는 것이었다.

기원전 1만 년 전 5~8백만 명이던 지구 인구는 기원후 1세기가 되자 2억 5천만 명(수렵인은 1~2백만 명)으로 중가 되었다.

그리고 지구 모든 곳에서 왕, 정부 관료, 병사, 사제, 예술가 등의 지배자와 엘리트가 출현하여, 마을은 읍이 되고, 읍은 도시를 거처 왕국이 되었다. 그리고 왕국 간에는 상업망이 형성되었다.

1) 국가의 탄생

농업혁명 덕분에 밀집된 도시와 강력한 제국이 형성될 길이 열렸다.

기원전 7천 년에 가장 큰 도시인 소아시아의 읍인 차탈휘유크(Çatalhöyük)의 주민은 5천~1만 명이었고, 그 후 기원전 5천~4천 년 사이에는 나일강 유역에는 인구, 수만 명의 도시가 생겨, 주변의 수많은 촌락을 지배했으며, 기원전 3100년에는 나일강 유역 전체가 통합되어, 최초의 이집트 왕국이 생겨 수십만 명의 백성을 다스렸다.

기원전 2250년경 사르곤 대제는 최초의 제국인 아카드를 건설했는데, 1백 만 명이 넘는 백성과 5천 400명의 상비군을 가진 제국이었다.

기원전 1000년에서 500년 사이 중동에서 거대 제국들이 등장했다. 시리아, 바빌론, 페르시아 등이 등장하였고, 이들 제국은 수백만 명의 백성과 수만 명의 군대를 거느렸다.

기원전 221년에 진이 중국을 통일했고, 기원후 1년 로마는 지중해 분지를 통일 했다.

(그림 14) 함무라비 법전을 새긴 석주, 기원전 1776년경.
쐐기문자로, 점토판(진흙판)에 기술된 법전 석주는, 프랑스 탐험대가, 페르시아의 고도에서 발굴하여 파리 루브르박물관에 보관되어 있다.

진은, 4천만 명의 백성에게서 걷어 들인 세금으로 수십만 명의 상비군과 10만 명이 넘는 관료를 유지하였다.

로마제국의 최전성기에는, 1억 명의 백성에게서 세금을 걷어 25~50만 명의 상비군을 유지하고 오늘날에도 쓰이는 도로망, 원형극장들을 만들었다.

함무라비 법전으로 유명해진 바빌로니아 제국은, 기원전 1776년 수도 바빌론은 인구 1백만이 넘는 세계 최대 도시였다. 바빌로니아 제국은, 메소포타미아의 대부분과 오늘날의 이라크, 시리아, 이란 일부를 포함한다.

바빌로니아에서 가장 유명한 왕은 6대 함무라비 왕(기원전 1792~1750년 재위)이다. 그는 법조문과 판례를 모아 함무라비 법전을 만들었다.

이 법은 인간을 남녀와 귀족, 평민, 노예로 나누어 가치를 정하여 배상토록 하는 복수 법(복수주의 원칙)인데, 평민 여성의 목숨값은 30 세겔(Shekel) 노예 여성은 20 세겔인데 비하여 남성 평민 눈 값은 60 세겔이다.

2) 문자

문자는 수메르인이, 기원전 3500~3000년 기호를 통하여 정보를 교환했는데 기원전 3000~2500년 사이에 이를 바탕으로 하여 오늘날 쐐기문자라고 불리는 문자 체계로 발전시켰다.

한편 이 시기에 이집트인들은 상형문자라고 불리는 별개 문자를 썼는데, 중국에서는 기원전 1200년경에, 중남미에서는 기원전 1000~500년경에, 이 문자를 썼다.

이상 네 군데에서 개발된 시기와 문자의 모양은 서로 달랐지만 각기 살면서 얻은 지식을, 문자로 기록하고 그 기록을 보관하며, 목록을 만들어 검색하도록 기술을 개발하는 등으로 제삼자에게 쉽게 전달하려는 의도는 동일했다.

인간이 경험을 통하여 얻은 지식을 글로 남겨 공동체 등에 널리 알려주어 자기가 속해 있는 사회에 기여하고자 하는 마음은 사회적인 동물이기에 가능하게 된 것이다.

전 세계로 퍼져나간 호모 사피엔스족은, 각기 다른 언어와 문자를 바탕으로 조금씩 다른 환경에서 경험된 지식에 따라 형성되는 의식의 차이로 서로 간에 조금씩 다른 문화를 발전시켜 왔다.

인간종의 의식과 의식을 만드는 뇌에 관하여는 다음 장에서 살펴보겠다.

3) 화폐

최초의 화폐는 기원전 3천 년 전 수메르인의 보리 화폐이다.

단위는'실라'인데 대략 1리터 정도 부피의 보리이다. 남자노동의 한 달 임금은 60 실라, 여자는 30 실라이다. 건설 현장 감독은 1,200~5,000 실라이다.

기원전 2천 년쯤에는 고대 메소포타미아에서 은으로 된 세겔(1 세겔 : 8.33g) 화폐를 사용했고, 주화는 기원전 640년경 리디아(아나톨리아 서부) 왕에 의해 만들어졌다는 사실로 미루어 보아도, 인간의 삶에 있어 교환(교역이란 이름을 가진 상호협력 기능은, 인간만이 가지는 생존과 공동)발전을 위한 중요한 기능이라 하겠다.

4) 전쟁

지난 2,500년간 세계에서 가장 일반적인 행태의 정치 조직은 제국이다.

제국의 특징은, 자기와 다른 문화와 정체성을 가진 다른 지역의 국민을 지배하고, 그 지배하는 범위를 확장해 가려는 세력이다.

이 세력으로 인하여, 국가가 생긴 이후 인간의 역사는 전쟁의 역사가 되었다.

정복 전쟁, 반란 전쟁, 진압 전쟁, 제국끼리의 전쟁 등으로, 국가는 멸망과 탄생을 거듭하게 되고, 한 제국의 종속 국가가, 타 제국의 종속 국가로 변하기도 한다.

제국을 건설하고 유지하기 위한, 수많은 전쟁으로 수많은 인간이 살해되고, 노예가 되었다.

1400년대 세계는 다 중심 체제였고, 유라시아 대부분 지역의 발전 수준은 비슷했다.

1400년대 세계 인구는 약 3억 5천만 그중 80%는 농민이었고, 인구밀도가 높은 지역에는, 고도로 발달된 문명이 있었다. 이들은 세 개의 대표적 중심 지역에 인구가 밀집되어 살았는데, 대략 유럽에 25%, 중국에 25~40%, 인도에 20%가 살았다.

3. 상업혁명

교역은, 개인과 개인 상호 간 또는 나라와 나라 상호 간에 남아도는 물질을 내주고 모자라는 물질을 받는 교환으로, 서로 간에 이익을 보는 인간종의 생존과 발전에 유익한 상호협력행위이다.

그래서 교역은 인간종이 태어난 태초 원시시대로부터 이웃 간에 물물교환이란 형태로 이루어졌다.

나라와 나라 사이에서도, 기원전 2천 년 전에 이집트의 종이(파피루스)와 나무를 레바논의 곡물과 교환했다.

중국의 중원에서 유럽의 지중해 동안까지 이어지는 6,800Km나 되는 소위 실크로드는, 비단(실크), 후추, 차, 도자기, 종이, 칠기 등 중국 물건을 유럽으로 운반하는 길인데, 낙타나 등에 짐을 싣고, 위험하고 먼 길로 다니면서 교역을 하였다는 사실 하나만으로도 교역의 중요성은 잘 설명된다.

물건을 만들려면 원자재와 기술과 같은 자원이 있어야 하는데, 자원과 기술은 각기 지리적으로 편중되어 있는 것이기 때문이다. 이런 면에서 보면 교역이 물건을 만드는 것 못지않게 중요하다는 것을 알 수 있다.

그럼에도 불구하고 아직도, 독재의 나라, 귀족의 나라, 농자천하지대본(농사가 천하의 큰 근본)이라고 생각하고, 농업 이외의 산업이나 교역 같은 것은 천하게 여긴, 어리석은 생각에 취하여, 외부세계와도 등지고, 나 홀로 자급자족이라는 비논리적인 이념의 가치 등에 포로가 되어 사는 독재 지배자들 덕분에, 일반국민은 식생활조차 어려워하는 나라가 적지 않다.

1492년 콜럼버스에 의한 신대륙 발견에 이어, 1498년 바스코 다가마(Vasco da gama 1469~1524)에 의한, 아프리카 남단 희망봉을 경유하는 동인도 항로 등을 개척하게 되어 교역은, 아메리카, 아시아, 아프리카를 포함한 전 세계를 교역대상으로 활발하게 이루어지게 되었다.

당시 중국의 화폐는 '은'이었는데 유럽의 상인들은 중남미 등 전 세계에서 강제노역으로 채굴된 은으로 중국에서 비단, 도자기, 향신료, 차등을 사다가 유럽에 팔아 떼돈을 번 자본가들이 대거 등장하여 왕의 권력을 나누어 가지게 됨에 따라 중세적인 정치, 사회, 문화, 농업, 공업, 상업 등의 형태에, 큰 변혁을 가져왔다. 이를 상업혁명이라 한다.

상업혁명을 주도한 자본가와 그들의 자금력으로 제조업에서 대규모 생산시설이 등장하게 되었고, 이로써 산업혁명과 근대 자본주의 사회의 기틀을 마련하게 된 것이다.

4. 산업혁명과 근대화

16세기 후반 영국에서, 옥양목으로 알려진 인도산 면직물이 크게 유행했다. 인도산은 영국산 보다. 훨씬 싼 값에 품질도 우수했기 때문이다.

같은 이유로, 인도산 면직물은 전 세계 생산의 25%를 차지했다. 이는 인도의 농업 생산성이 높았기 때문인데, 파종된 씨앗대 수확량이 영국이 1:8 정도인데 인도는 1:20이기 때문에 식량이 주였던 시대에, 구매력이 인도가 높았기 때문에 인도가 유럽보다 가격경쟁력이 있었다.

1.707년 영국 정부는, 맨체스터 인근에 면직물 공업 단지를 만들고 1.780년대에는 수력을 이용하는 최신식 공장을 세우고 인도산 면직물을 수입금지까지 했으나 역부족이었다.

영국은, 1780년대에 증기기관을 발명하고 1815~1840년 사이에 방적기를 개발하면서, 세계시장에서 인도산 면직물과의 경쟁에서 우위를 점하게 되어, 영국의 면직물 사업은 식민지 개발과 함께 더욱 발전하게 되었다.

이 과정에서, 목재를 증기기관의 연료로 사용하였기 때문에 산림이 황폐하게 되었는데 다행히, 런던 근처에서 당시 불에 타는 돌로 알려졌던 '석탄'의 광맥이 발견되었다.

'석탄'은, 목재나 목재로 만든 목탄보다 화력이 세고, 대량 채굴도 가능한 데다가 채굴 비용도 저렴한 신생에너지이었다.

'석탄'에 의해 값싼 철강을 대량 생산할 수 있게 되었고, 철강을 이용한 방직기, 증기기관차, 철로, 대포, 철제군함 등을 만들게 됨에 따라 영국은, 중국, 인도, 프랑스 등을 제치고 해가 지지 않는 대영제국을 건설하게 되었다.

석탄에너지를 기반으로 한 철강으로 만들어내는 철제품 생산기술 등은, 짧은 기간 내에 영국에서 주변 유럽국들과 당시 변방국이었던 러시아, 일본을 거쳐 전 세계로 전파되어 수천 년간 전 세계에 걸쳐 이어오던 농업사회에서, 불과 2백여 년 사이에 산업사회로, 진화하는 산업혁명을 이루게 되었다.

산업혁명으로, 산업 생산품과 생산방식이 혁명적으로 진화함에 따라, 우리 사회는 직업, 가정, 도시, 시간, 문화, 의식 등 거의 모든 분야에서, 많은 것들이 현대적으로 바뀌었다.

인구의 50% 정도가 도시에서 거주하게 되었고, 새로운 직업에 종사하는 도시인구를 중심으로 한 중산층이라는 계층이 형성되었다.

이로써 자유시장 경제와 민주주의가, 자연스럽게 지구촌의 중심을 잡게 되자, 이성적인 똑똑한 중산층도 두터워지게 되어 1, 2차 세계대전을 끝으로, 큰 전쟁이 사라지고, 평화가 오랫동안 지속되고 있다.

이와 같은 상황이 별다른 변화 없이 지속적으로 발전하게 되면서 돌발 사건도 일어나지 않는다면, 자해적인 전쟁의 역사시대를 벗어날 수 있지 않겠나 하는 기대도 해볼 만하다고 생각된다.

이러한 기대에는, 첫째, 2차 대전 승전국인, 미국과 러시아의 패권 대결에 따른 세력 확장 투쟁에서, 공산 독재국가인 러시아가 전쟁 없이 스스로 붕괴하게 되어 대국 간의 긴장이 완화된 선례가 만들어진 바가 있어, 미국과 중국 간의 패권경쟁도 전쟁 없이 양국 간의 긴장을 완화하는 방안이 모색될 수 있을 것으로 기대해볼 수 있고, 둘째, 인간들이 조금씩 더 똑똑해져서, 역사를 통해 전쟁을 해보았자 얻는 것보다는 잃는 것이 많다는 것과 오히려 자유로운 통상을 통하여 얻는 이익이 크다는 것을 알게 된 사람이 많아지고 있으며,

셋째, 민주주의 국가가 많이 늘어났는데, 민주주의 국가는 쉽게 전쟁을 결심할 수 없기 때문이다.

농업혁명으로 전쟁을 위한 조직인 독재국가가 탄생하였다면 산업혁명으로, 의, 식, 주의 풍요를 누리는 중산층이 늘어나게 되고 이들 중산층이 점차 똑똑해짐에 따라 독재자가 나라의 주인이었던 시대에서, 점차 국민이 주인이 되는 민주주의 국가가 자리 잡게 됨에 따라 고질적이고 자해적인 전쟁의 종식을 눈앞에 둘 수도 있게 된 것이다.

3부

인간종의 본성

1. 마음의 역사

나는 어렸을 때, 사람의 마음속에는 천사 마음이 있어 착한 짓을 하고 살게 되어있는데, 악마 마음이 발현하게 되면 나쁜 짓을 하게 된다는 말을 듣고 자랐다.

아마도 창조주께서 인간을 창조할 때, 인간에게 천사 마음과 악마 마음을 가지고 살아가되, 살아가면서 스스로가 천사 마음이 악마 마음을 제어할 수 있는 능력을 키워 나아가도록 설계된 것으로 생각된다.

인간으로 진화되어 처음 태어난 인간종은, 타고난 잠재능력을 살면서 점진적으로 실현하여 문명을 발전시켜가게 됨에 따라, 의, 식, 주에 대한 긴박한 욕구를 충족해 왔다. 이에 따라 즉각적인 욕구를 실현하기 전에 한발 물러서 미래에 협력으로 얻어지는 이익을 생각(논리적인 사고)할 수 있게 되는 여유가 생기게 되었고, 게다가 생각을 깊이 있게 하다 보면 남에게 잘하는 것에 기분이 좋아지는 것도 느끼게 되어, 즉각적인 욕구를 제어하고자 하는 천사 마음이 힘을 얻게 되기에 자연히 악마 마음을 제어할 수 있는 능력이 크게 되는 것으로 생각된다.

그래서 인간종의 '마음은 문명의 발전과 함수 관계'가 있다고 볼 수 있다.

이런 생각을 뒷받침하는 근거를 모은, 저서 '우리 본성의 선한 천사'가 있다.

이 저서에서 인간종의 내면에, 다섯 가지의 악마 마음과 네 가지의 천사 마음이 있는데, 인간의 역사에서 천사의 마음이, 악마의 마음을 제어하는 능력이 조금씩 더 늘어나고 있다는 사실을, 폭력 감소 즉, '폭력에 의한 살인율의 감소'를 들어 입증하고 있다.

미국 하버드대학교 교수 심리학자 스티븐 핑커(Steven Pinker. 1954~)의 2011년에 발행한 저서 '우리 본성의 선한 천사(The better Angels Of Our Nature 천여 종의 데이터를 모은 1.400페이지에 이르는 저서)' 중에서 천사의 마음이 악마 마음을 제어해 가는 과정을 살펴보고 거기에 실린 신뢰가 가는 근거들을 바탕으로, 조금씩 착해져 왔던 인간종 마음의 역사를 엮어보았다.

1) 근대 이전의 폭력 살인 율

초기, 호모 속에 속하는 초기 인간의 마음은 동물의 마음과 같았다고 봐야 한다. 신체와 뇌의 형태적 기능으로는, 어느 정도 인간종의 특징을 지녔지만, 약 200만 년 전까지의 호모 속의 뇌는, 자연을 이해하고 이용하는 방법을 배우고 익히기 시작하는 초기 단계여서, 동물의 뇌와 별 차이가 없는 원시적 단계의 의식을 가진 뇌일 수밖에 없다.

돌로 도구를 만들어 사용한 흔적이 있기는 하나 대형 포식자에 의해 사냥을 당하는 처지였다. 80만 년 전쯤 전에 불을 이용하다가 30만 년 전쯤 불을 치명적인 무기로 하여 사자 등 맹수를 쫓아내고, 숲을 태워 불에 탄 동물과 견과류를 얻어먹는 과정에서, 불로 조리해 먹는 기술을 개발하였을 정도다.

약 15만 년 전, 인간종이 등장한 이후에 기름등잔, 바늘, 화살, 배 등을 만들어 이용하는 등 큰 발전이 있었지만, 국가라는 거대한 힘을 가진 창조물이 생기기 전까지는, 인간종의 집단은 수렵(채취)을 하고 살면서, 이득, 안전, 심지어 신뢰성(명예)을 추구하기 위해서도 동물보다 더 잔인하게 싸웠다.

땅을 얻기 위하여 침략하고. 사냥터, 물웅덩이, 강둑이나 하구, 혹은 부싯돌, 소금, 황토처럼 귀한 광물자원을 얻기 위해서 싸웠다. 상대의 가축이나 저장된 식량을 약탈하거나 여자를 놓고도 싸웠다.

적의 집단이 커지게 되어 위협을 느낄 때는, 안전을 위하여 선제공격을 가한다. 그리고 이웃이 배신할까 믿을 수가 없어서 공격하는 수도 있었다.

그러나 조사에서 대부분은 싸움의 동기로 제일 자주 거론되는 것은 복수였다.

목숨에는 목숨으로 복수한다는, 원시적인 생각이 확고했던 그 시대 사람들이 습격할 때 단 한 명도 남김없이 모조리 학살했던 것은, 복수를 예견했기 때문이었다.

수렵 채집인들의 사회에서 폭력에 의해 사망한 사람의 수의 비율을 보면, 본질적으로 평화롭기는커녕, 현대국가들에서 보여주었던 잔악함을 훨씬 초월한다.

민족 지리학자들이, 오랫동안 연구 조사한 인구통계와 매장지를 발굴하여 조사한 결과로 얻은, 폭력에 의하여 사망한 사람의 비율과 박물관 소장품에서 과학 수사적 고고학자들의 자료를 근거로, 전체 사망자 수 가운데 폭력으로 인한 사망자의 비율을 계산한 결과는 아래 표와 같다.

(1) 선사시대 매장지의 유골
누비아. 매장지 117(기원전 2000~1만 년 사이) 등 21곳의 사망자 중 폭력에 의해 사망한 비율은, 최고 60% 평균은 15%이다.
(2) 수렵채집 사회 매장지의 유골
아체. 파라과이 등 8곳의 사망자 중 폭력에 의해 사망한
비율은 최고 30% 평균은 14%이다.
(3) 수렵 및 원예농업사회와 다른 부족 집단의 매장지의 유골
와오라니 아마존 등 10곳의 사망자 중 폭력에 의해 사망한
비율은 최고 70% 평균 24.5%이다.

현대국가로 오면서 수백 종류의 정치 단위에서, 수천 년 동안, 수많은 폭력의 종류가 존재하기 때문에, 정확한 하나의 수치가 존재할 수는 없다.

하지만 지난 500년 동안에 피투성이 종교전쟁이 벌어졌던 17세기와 두 번의 세계대전이 있었던 20세기의 폭력에 의한 사망률을 역사학자 퀸시 라이트는 각각 2%, 3%로 추정했다. 현대국가 체제로 넘어오면서 폭력에 의한 사망자 수가 크게 줄어든 것이다.

한편 최근 정량적인 데이터가 공개되었는데, 이 자료에 의하

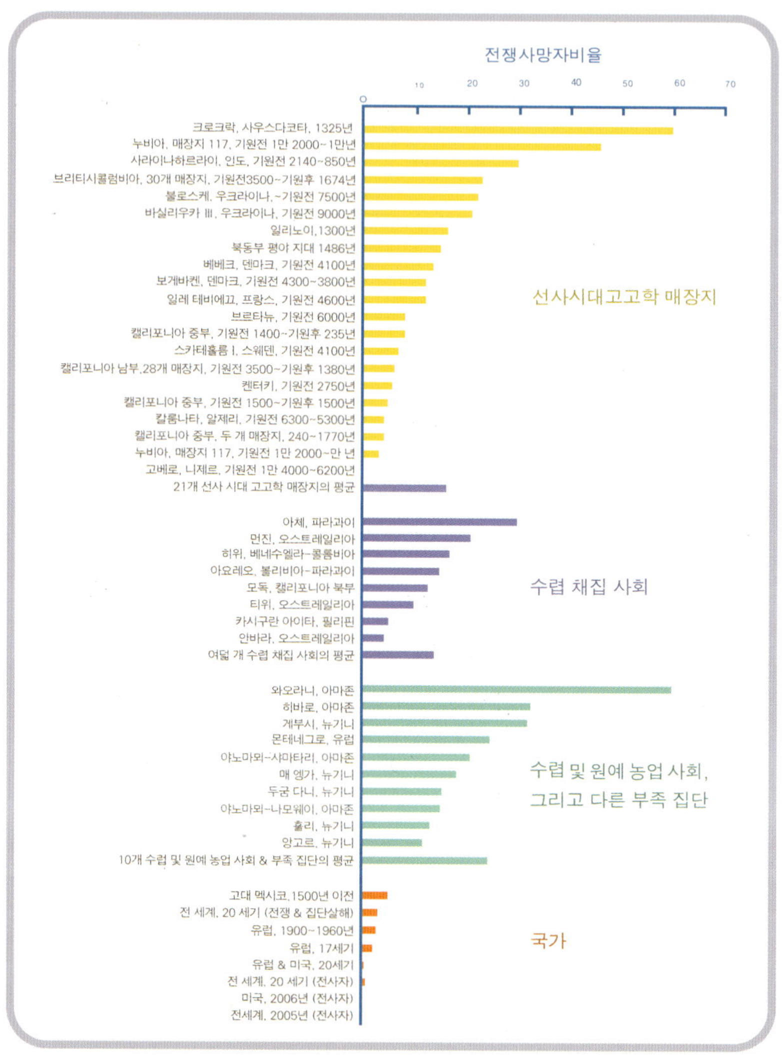

(그림 15) 비국가 사회와 국가사회에서 전쟁으로 인한 사망자 비율(참고자료 12 '우리 본성의 선한 천사'에서)

출처: 선사시대 고고학매장지: Bowles, 2009; Keeley, 1996.수렵 채집 사회: Bowles, 2009, 수렵 및 원예농업 사회와 다른 부족집단: Gat, 2006:Keeley,
1996. 고대 멕시코:Keeley, 1996. 전 세계, 20세기의 전쟁과 집단살해(인재에 해당하는 기근 포함):White, 2011. 유럽, 1900~1960년:Keeley, 1996. from Wright, 1942, 1942/1964, 1942/1965:주52 참조. 유럽, 17세기:Keeley, 1996. 유럽과 미국, 20세기: Keeley, 1996, from Harris, 1975. 전 세계, 20세기 전사자:Lacine & Gleditsch, 2005:Sarkees,

면 20세기의 전사자 수(직접 전투에 참여하여 죽은 자)는 4천만 명이고, 20세기에 죽은 사람은 60억이므로 전쟁으로 죽은 사람의 비율은 0.7%이다.

또한, 전쟁으로 인한 기근과 질병으로 죽은 사람과 집단살해, 숙청 등 잔학행위 등까지 포함한 총사망자 수는 1억 8천만 명이다. 20세기 총사망자 수의 3%이다(잔악 행위 전문가 매슈 화이트 추정).

그러나 그 후 인류사상 가장 안전했던 21세기 초 서유럽의 살인율은 10만 명당 1명꼴(0.001%)로 대폭 감소 되었다.

이상의 자료를 볼 때, 현대사회로 진입하면서 수렵채취인들 사회에서 폭력에 의해 살해된 비율은 지속적으로 줄어들어 왔다는 사실을 확실히 알 수 있게 되었다.

이는, 인간종으로 진화한 초기 인간의 마음속에 잠재하고 있던, 눈앞에 이익만 보이는 이기적인 악마의 마음이, 천사의 마음보다 우세하여 폭력에 의해 희생되는 인명의 수가 최고치에 달했으나, 국가가 탄생하고 문명이 발달하면서 천사의 마음에 힘이 조금씩 더 실리는 사회를 거쳐, 의, 식, 주가 어느 정도 충족하게 된 현대사회가 출현함에 따라 이성적으로 미래에 협력에 의하여 얻어지는 실질적인 이익을 내다볼 줄 아는 천사의 마음이 우세하게 되어, 천사 마음이 악마 마음을 제어하는 힘이 커졌기 때문이라고 여겨진다.

2) 악마 마음과 천사 마음

악마 마음

(1) 식량이나 도구 등을 구하기 위한 폭력.

(2) 우세 경쟁, 권위, 위세, 명예 및 힘 등의 경쟁 또는 인종, 국가, 민족, 종교 집단 간의 패권 경쟁.

(3) 복수심

(4) 가학성

(5) 이데올로기

천사 마음

(1) 감정 이입

(2) 자기 통제

(3) 도덕 감각

(4) 이성

악마 마음

(1) 식량이나 도구를 목적으로 하는 폭력은, 사람을 미워하거나 분노 따위의 동기 없이 목적물을 얻는 수단이다.

이러한 폭력은, 가해자의 이득보다는 피해자의 고통이, 비교할 수 없을 정도로 크기 때문에, 가해 행위는 일종의 사이코패스 병자 수준의 악마적이다.

(2) 우세 경쟁은, 구체적인 이득이 전혀 걸려 있지 않은데도, 인간들의 싸움 중에서 가장 치명적인 형태의 싸움이다. 폭력은

지나친 자존감에서 나온다. 특히 근거 없는 자존감이 문제다.

이는 나르시시즘적 성격 장애, 과대망상, 감정 이입 장애로 정의된다. 남자들은 인생의 다른 즐거움보다. 지위에 압도적으로 큰 가치를 부여하는 경향이 있다. 우세 경쟁은, 고차원적인 의식에 의한 논리적인 사고로 주어진 위치에서 책임과 의무를 성실히 수행하는 것이 자연의 이치라는 것을 모르고, 단지 지위를 쟁취하고 권력을 행사하는 것이 능력이라고 잘못 받아들이게 되는 병적인 가치관에서 나온다.

여기에서 병적이라고 말하게 되는 것은, 인간종은 혼자서는 생존이 불가능한 동물계에 속하는 사회적인 동물임으로 혼자 살 수 없고, 게다가 사회 속에서 협력함으로써 더 잘살 수 있도록 진화된 사회적인 동물이 된 건데, 같이 살아야 이로운 상대를 해치는 것은 자신을 해치는 것과 다름없는 병적인 행위가 된다는 뜻이다.

병적인 우위 경쟁은 국가 간의 전쟁으로 표출된다. 왕조, 군주국가, 민족주의 국가 시대에 국가 위신이라는 모호한 목표를 걸고 제1차 세계대전을 포함한 수많은 전쟁을 일으켰다.

오죽하면, 아인슈타인이 민족주의는 인류의 홍역이라고 말했을까? 할 정도다.

(3) 복수는, 폭력의 중요한 원인이다. 전 세계 살인의 20% 정도는 복수가 동기이고 3천 명을 죽인 9·11 테러도 복수가 동기였다.

법치가 엉망인 사회일수록 복수가 판을 친다. 공평무사한 법치가 복수의 충동에 빠져들지 않게 한다.

(4) 가학성, 인간의 타락상 중에 집단살해가 질적으로 최악이라면, 아마도 가학성은 그 다음일 거다. 누군가의 고통을 보고 싶다는 이유 외에, 어떤 목적도 없이 타인에게 고통을 가한다. 예로서 어떤 이론으로도, 정당화될 수 없는 고문을 제 흥에 겨워 피해자에게 지나친 고통을 가하기도 한다.

(5) 이데올로기, 많은 사람이 이데올로기라고 하는 하나의 동기(일종의 확증편향(confirmation bias))를 가지게 될 때마다. 인간 역사에는 막대한 인명의 희생이 기록된다.

소위 이데올로기적 폭력은, 목적에 대한 수단이다. 더 큰 선을 추구한다는 이상주의적 이념이 목표이다.

십자군 전쟁, 유럽 종교전쟁, 프랑스혁명과 나폴레옹 전쟁, 러시아와 중국의 내전, 베트남전쟁, 홀로코스트 그리고 스탈린, 모택동, 폴 포트의 집단살해 등등이 바로, 그것이다.

이데올로기가 위험한 까닭은, 무한한 선을 약속하기 때문에 추종자들은, 유토피아(이상향)를 만들기 위해서, 적을 악으로 둔갑시키고 무자비하게 처벌한다.

인간을 악마나 해충 정도로 인식하는 버릇이 생기는 것이다.

추종자들의 능력을 듣기 좋게 칭찬하면, 성공에 대한 자부심과 선에 대한 환상이 뒤섞여, 수백만 명을 감정이입 없이 살해할 수 있게 된다.

의견이 비슷한 사람들을 모아놓고 심도 있게 토론하라 하면, 사람들의 의견은 더 비슷해지고 더 극단적인 집단으로 변한다.

광신적 이데올로기가, 대중을 장악하는 일은, 생각만큼 어렵지 않을 수 있다.

침묵하는 다수가 있어, 대중 매체에서 다루는 의견이 주된 여론이 되거나, 대중의 무지한 까닭으로, 소수의 의견이 다수의 의견으로 쉽게 오인되는 경우가 적지 않다.

남들이 다 믿는다는 착각에서, 가당찮은 신념에 맹세하고, 맹세하지 않는 사람을 처벌하기까지 한다.

미국 남부의 인종차별, 이슬람 사회에서 순결하지 않은 여인에 대한 명예살인 등의 만행도, 어리석은 대중과 침묵하는 대중이 있어, 광적인 이데올로기에 맹세한 소수 집단의 만행이 가능했다.

20세기에 독일, 이탈리아, 일본 등이 파시스트(군국주의) 이데올로기에 장악되었는데, 소수의 광적인 집단이 폭력 등 극단의 조치를 이데올로기로 받아들여 폭력을 기꺼이 수행하는 불량배를 모집하고, 이들로 하여금 점점 더 많은 사람을 겁박하여, 그들의 폭력을 묵인하게 만들었다.

이데올로기에는 치료 약이 없다. 나름 여러 그럴듯한 인지능력으로부터 생겨났기 때문이다. 남들로부터 그 지식을 얻고, 자신의 행동을 그에 맞추어 조절하고, 혼자 하기 힘들면 팀을 이뤄 묘수를 내기도 한다.

이러한 와중에서도 인간종의 역사는, 점차 모든 가해자를 가학적이거나, 사이코패스 병자로 여기게 되었다. 폭력이 역사에서 감소해가는 것은 정의가 악과 싸워 승리한 결과이다.

위대한 세대가, 파시즘을 패배시켰고, 인권운동이 인종차별을 패배시켰으며, 레이건의 1980대 무기 증강 정책이 공산주의를 몰락시켰다.

우리는 지난 반세기 동안 문해 능력, 기술발전, 이동성 등이 좋아진 덕에, 인종 간에 자의식이 발전하게 되어, 우리 내면에 있는 5가지의 악마 마음들의 특징을 알아내기 시작했다. 그 덕에 폭력의 피해도 많이 줄게 되었다.

하지만 앞으로 언제 어디서 대형 폭력의 피해가 발생하게 될지 아직 모른다. 우리 인간종 모두는 폭력피해가 완전하게 없어지도록 더 많은 주의와 노력을 기울여야 할 것이다.

천사 마음

(1) 감정이입은, 어려운 상황에 처해있는 사람의 감정을 자신의 상황처럼 느끼고 경험하게 만드는, 즉 인간이, 동료들과의 친밀한 관계와 우애를 추구하는, 최고의 사회적 동물로 만드는 기본적 요소이다.

감정이입(empathy)이라는 용어는 1.909년 심리학자 에드워드 티치너(1867~1927)가 처음 쓴 이래 수많은 연구가 이루어졌다. 감정이입의 확장은 폭력 감소에 크게 기여하였다.

(2) 자기 통제는, 대체적으로 폭력을 감소시킨다.

중세 유럽에서 근대 유럽으로 넘어오면서 살인율이 30분의 1로 급감했던 현상은 자기 통제였다고 해석된다.

사회학자 노르베르트 엘리아스(1897~1990)의 이론에 따르면 국가통합과 상업 성장은 단지 약탈을 꺼리도록 한 것에 그치지 않고, 사람들의 머리에 윤리를 주입하여, 절제와 예절을 제2의 천성으로 만들었기 때문이라고 한다.

모욕에 반격하던 문화가 사람을 존경하는 품위 있는 문화로 바뀐 것이다.

자기 통제는, 자기에게 단기적으로는 좋지만, 장기적으로는 좋지 않은 행동을 억제하자는 것이다. 예를 들면 오늘 많이 먹으면 내일 먹을 것이 없다든지 살이 찐다는 것을 알고 통제한다는 뜻이다.

의지력이 강한 아이일수록 성인이 되면 자존감이 높고 스트레스를 더 잘 다룬다. 게다가 우울증, 불안감, 공포증, 편집증을 덜 겪는다.

지난 수십 년 동안의 인도주의 혁명으로, 노예제와 잔인한 형벌이 폐지되었고, 권리 혁명으로 소수민족, 여성, 아이, 동성애자, 동물에 대한 폭력 감소와 집단살해도 급감하였다. 그리고 이 동안에, 미국의 살인도 반감했다. 게다가 소위 긴 평화도 이루어졌다.

문화적 사회적 자극이, 우리 내면의 천사 마음인 자기 통제를 적절히 조절하게 함으로써 폭력성이 감소된 것이다.

(3) 도덕은, 그 모형이 지역 또는 사회와 시대에 따라 다르다.

그리고 모형 자체로는 폭력을 장려하지도 억제하지도 않는다.

지난 300년간 도덕의 모형은 단순한 공동체성과 권위에서 벗어나 합리적인 법적 제도를 향해 왔다. 이러한 변화도 평화에 기여했다. 가족, 부족, 국가라는 공동체 모형이, 인간종이라는 전체에도 적용할 수 있게 된다면 인권 개념은 감정으로도 뒷받침될 수 있을 것이다.

(4) 이성은, 사람을 똑똑하게 만든다. 똑똑해져야 이성적인 사고와 행동을 할 수 있기 때문이다. 현대사회에 수많은 어리석음이 있음에도 불구하고, 점점 똑똑해지고 있다는 것은 분명한 사실이다.

그리고 똑똑한 세상일수록 폭력이 적다.

1980대 초 심리학자 제임스 플린은 우리는 똑똑해지고 있다고 주장하면서 그 근거로, 20세기 동안 전 세계에서 검사한 IQ 점수와 점수 산출 기준을, 같은 기준으로 조정하여 비교한 결과, IQ 점수는 10년마다 3점씩 높아졌다(이러한 현상을 1990년 플린 효과로 명명되었다).

플린은, IQ가 높아지는 것은 사람들이 과학적인 안경을 끼고 세상을 바라보는 경향이 높아지게 된 것이 가장 큰 이유라고 설명하였다.

이성의 힘이 향상되면, 개인적인 경험을 제쳐두고, 편협한 관점에서 벗어나게 되어 추상적인 용어로 생각하는 능력이 향상된다. 이성이 자기 통제와 나란히 감으로써 평화를 가져온다.

똑똑한 사람일수록, 폭력범죄를 덜 저지르고, 폭력범죄의 희생자가 될 가능성은 작다.

죄수의 딜레마 게임에서 실험한 결과, 똑똑한 사람일수록 처음부터 협력하는 확률이 높았다.

똑똑한 사람일수록 이민, 자유시장, 자유무역에 공감하고, 정부의 기업규제에 덜 공감했다.

오래전부터 이론가들은, 문해 능력과 학식을 갖춘 대중의 존재가, 제대로 된 민주주의의 선결 조건일 것으로 추측했다.

민주주의 정부는, 통계적으로도 전쟁, 인종폭동, 집단아살해, 정부 폭력, 내전 등을 감소시킨다.

3) 폭력살인 율의 감소와 긴 평화

고고학자들이 매장지에서 발굴한 유골에서, 두개골이 깨진 유골 등 폭력에 의해 사망한 것으로 보이는 유골의 비율은, 기원전 1만 4000년에서 기원후 1776년까지 최저 0% 최고 60%이었고, 평균은 15%이었다.

나는 어려서 6·25 사변 당시 자식을 폭력에 의하여 잃고, 통곡하시는 어머니의 모습에 충격을 받아, 어린 마음에 복수하겠다고 맹세를 했지만, 철이 든 다음에는 부모보다 먼저 가는 자식이 되어서도 안 되고, 내 자식을 먼저 보내서도 안 된다고 생각하고 살았다. 가족의 죽음 특히 자식의 죽음을 보는 것보다 더 비통한 일은 없다는 것과 당시의 불가피했던 상황도 이해되었기 때문이다.

폭력 살해가 복수를 낳고 복수가 또 복수를 낳는 악순환의 고리를 끊어 버리게 된 것은, 폭력 살해에 대한 복수를 대신해주는 권력기관 즉 부족(국가-리바이어던: 욥기에 나오는 지상 최강의 동물)가 탄생하면서이다. 이로써 폭력적인 사망률이 최소한 1/5로 줄었다.

그리고 유럽의 경우, 봉건 군주와 가신들로 이루어진 봉건사회에서 왕국으로 융합되어 주권국가로서의 법 제도가 통합되자 폭력 살인율은 1/30로 줄었다.

천사의 마음이 힘을 얻기 시작한 것이다. 즉 폭력적 죽음을 보고 마치 자신이 당한 것 같은 감정이입에 더하여, 이성이 나서게 된 것이다.

하지만 국가가 권력을 독점하게 되자 국민은, 권력 주변의 권력 옹호 세력인 귀족과 그들이 부리는 노예로 전락하게 되었고, 권력을 대를 이어 유지하고 강화시키기 위하여, 혹독한 고문과 형벌이 자행되는가 하면, 국가 간에는, 권력과 영역을 확장하기 위한 침략전쟁과 국내에서는 내전으로 전쟁이 일상화하게 되었다.

인간이 서로에게, 행한 나쁜 짓 중 최악의 사건을 21건을 골라, 역사책과 백과사전에 언급된 희생자들의 수를 중간값 혹은 최소의 값으로 하여 당시의 세계 인구 중에 차지하는 비율을 구하고, 이를 20세기 인구 비율로 환산한 희생자 수를 표로 정리해보면 아래와 같다.

작은 전쟁도 수없이 많았는데, 유럽에서만 900년부터 1900년 사이에 2,314건 즉 한 해에 2건의 전쟁이 있었다.

순위	이유	세기	사망자수(명)	20세기 중반의 인구로 조정한 사망자수(명)	조정된 순위
1	제2차세계대전	20세기	5,500만	5,500만	9
2	마오쩌둥(주로 정부가 야기한기근)	20세기	4,000만	4,000만	11
3	몽골의 정복	13세기	4,000만	2억 7800만	2
4	안녹산의 난	8세기	3,600만	4억 2900만	1
5	명나라의 몰락	17세기	2,500만	1억 1200만	4
6	태평천국의 난	19세기	2,000만	4,000만	10
7	아메리카원주민의 절멸	15~19 세기	2,000만	9200만	7
8	이오시프스탈린	20세기	2,000만	2,000만	15
9	중동 노예 무역	7~19세기	1,900만	1억 3200만	3
10	대서양 횡단 노예 무역	15~19세기	1,800만	8,300만	8
11	티무르렌크(태멀레인)	14~15세기	1,700만	1억	6
12	영국령 인도(주로 방지 가능했던 기근)	19세기	1,700만	3,500만	12
13	제1차 세계 대전	20세기	1,500만	1,500만	16
14	러시아내전	20세기	900만	900만	20
15	로마의몰락	3~5 세기	800만	1억 500만	5
16	콩고자유국	19~20세기	800만	1,200만	18
17	30년 전쟁	17세기	700만	3,200만	13
18	러시아의 혼란기	16~17세기	500만	2300만	14
19	나폴레옹 전쟁	19세기	400만	1,100만	19
20	중국내전	20세기	300만	300만	21
21	프랑스 종교 전쟁	16세기	300만	1,400만	17

(그림 16) 인간이 인간에게 행한 나쁜 짓 중 최악의 사건 21건(참고자료 12 '우리 본성의 선한 천사'에서)

지난 500년 동안은, 왕조의 전쟁, 종교의 전쟁, 주권국가의 전쟁, 민족전쟁, 이데올로기 전쟁 등 전쟁의 시기였다.

하지만 큰 추세로 보면, 세기가 지날수록 큰 전쟁에서 희생자 수가 줄어들었다. 작은 충돌의 수도 줄어들었으며 충돌로 인한 희생자 수도 줄어들었다.

유럽에서 전쟁의 희생자 수가 줄어든 것은 서로 싸울 단위의 수가 줄어든대도 있다.

30년 전쟁 시절에 정치 단위는 500개 정도이었지만, 1950년대에는 30개 미만으로 줄어들고, 정치 단위가 큰 왕국이거나 중앙 권력은, 그 밑에 있는 작은 정치 단위끼리 싸우지 않도록 막았다. 왕의 입장에서는 자기 영역 내에서의 내부의 싸움은 말짱 자신의 손실이었기 때문이다.

강대국과 강대국 간의 전쟁이 없었던 기간을, 평화 기간이라고 한다. 즉 1945년 이후 오늘날까지를 인류 역사상 가장 긴 평화 기간이다.

아래에서 그 원인을 살펴보았다.

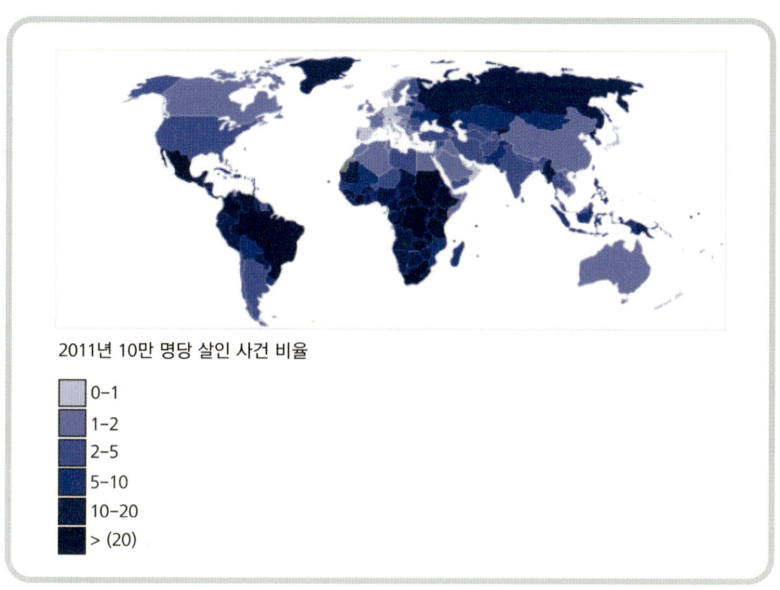

(그림 17) 2011년 전 세계 지역별 살인 율(참고자료 12 '우리 본성의 선한 천사'에서)

(1) 200년 전 임마누엘 칸트(1724~1890)의 영구 평화론에 의하면, 자유민주주의 국가가 많아지고, 국가 간의 자유무역이 증진되고, 그리고 국가 간의 국제연맹 가입국이 늘어나게 되면, 영구 평화가 이루어진다는 것이다.

긴 평화 기간에 세 가지 평화 조건이 나름 실현되고 있어, 혹시 영구평화의 길로 들어선 것일지도 모른다는 희망적인 생각을 해볼 수 있겠다.

1945년 이후 2010년까지 민주국가는 19개에서 90여 개로 늘었다. 상대적으로 독재국가의 수가 준 것이다. 자유민주 정부는 갈등을, 합의된 법률에 따라 해소시키도록 설계되어 있다.

그리고 민주국가 지도자는, 국민의 피와 부를 희생하면서까지, 제 영광을 높이려는, 한심한 전쟁을 덜 일으킨다.

이러한 연유로 2차 대전 이후 민주국가끼리 전쟁을 벌이지 않았다.

민주주의 국가는 무역하기가 좋다. 1945년 이후 무역량으로, 환산한 국내 총생산량에, 대한 평균 무역 비율은 50% 미만 수준에서, 350% 수준으로 급증했다.

대외무역에 개방된 나라일수록 군사 분쟁에 관여할 가능성이 작다.

상업은 둘 중 한쪽만 시장경제 체제일 때도 평화에 도움이 된다.

1945년부터 2000년 사이에 한 쌍의 국가가 공통으로 가입한, 국제기구의 평균 개수는 10개 수준에서, 25개 이상으로 증가되었다. 세계 정부를 리바이어던(1651년 홉스는 그의 저서에서 이를 국가에 비유하였다)의 논리를 연장한 것처럼 UN이, 점차 세계의 정부로 변할 수도 있지 않을까, 하는 기대를 해볼 정도로, UN은 나름 초기 역할을 잘하고 있다.

(2) 긴 평화의 저변에는 천사 마음 중에서도 특히 이성의 역할이 확대된대 있다.

협력의 이익을 보여주는, 죄수의 딜레마를 이름표를 바꾸어 평화주의자의 딜레마라고 생각해 보면, 평화주의자는 공격(배신)으로 승리하여 이익을 취하고 싶은 유혹을 느끼고, 똑같은 유혹에 따라 행동하는 상대방의 공격에 의한 패배의 손실도 가급적 피하고 싶다.

그런데 둘 다 공격을 택한다면 전쟁을 하게 되는데, 전쟁을 했다는 것만으로도 당초에 얻고자 했던 이익보다 훨씬 큰 손실을 가져오게 된다.

게다가 어느 쪽이든 패배라도 하게 되면 손실은 몇 배로 늘어난다.

어느 쪽이든 전쟁을 하지 않는 것이 좋다.

이기면 승자가 좀 더 얻기는 하지만 둘 다 전쟁의 손실을 겪지 않는 편이 더 낫기 때문이다.

정복자가 땅을 좀 더 얻어서 누리는 이익은, 그가 그것을 얻기 위하여 죽임을 당한 사람들이 겪는, 불이익에 비하면 하찮다.

강간범의 찰나의 쾌락은, 피해자의 고통에 비하면 엄청나게 사소하다.

전체적인 행복과 불행을 따진다면, 전쟁과 폭력은 늘 바람직하지 못한 것이다. 가해자의 행복보다 피해자의 불행이 더 크고 따라서 세상의 총 행복이 줄기 때문이다.

인간의 이성은, 모든 인간의 사고의 질이 높아짐에 따라 향상된다. 우리는 점점 더 똑똑해지고 있다는 것이 1980년대 초 철학자 제임스 폴린의 조사에 의해서, 모든 인간의 IQ 점수는 10년마다 3점씩 계속 높아져 왔다는 것이 확인되었다.

꼭 1910년대의 IQ가 50점에 불과했던 점수가 늘어났기 때문만은 아니지만, 인간의 '이성의 힘'은, 당장 이기적인 작은 욕망을 충족하기보다는 협력으로 공생하는 큰 이익을 택하도록 향상되었다.

교환은 포지티브섬(positive sum) 전략이다. 상호 이득을 증대시켜, 공격 동기를 없앨 수 있다.

서로에게서 덜 필요하거나 남는 것을, 서로에게서 꼭 필요하거나 모자라는 것과 교환함으로써 상호 이득을 얻는 것이 교환이다.

농업 국가에서는, 생존에 필수요소인 식량 생산에 집중하고 살아야 하기에 달리 교환대상 품목을 찾아보기 어려운 데다가, 운반수단도 취약하여 극소량의, 교환만이 이루어졌다.

그러나 중세 후기부터 왕국들은 약탈을 처벌하고, 계약실행으로 인한 자유 거래와 화폐 관리 등으로 교환의 하부구조들을 구축됨에 따라, 기사들은 상인, 장인, 관료 등으로 변신하게 되고, 상업은 지속적으로 팽창하게 되었다.

이에 따라 18세기에는 스웨덴, 덴마크, 네덜란드, 스페인처럼 전쟁을 일삼던 제국주의 국가들이, 상업국으로 탈바꿈하였다.

중국과 베트남도, 독재 공산국에서 독재 자본주의로 변신, 수십 년간 이데올로기적 전쟁 의지를 약화시켰다. 교환이라는, 포지티브섬 전략, 즉 교환을 통해서, 모두에게 유익한 목표를 달성할 수 있다는 것을 경험적으로 알게 된 것이다.

그리고 사람들은, 과거의 실패를 검토하게 되면서, 사회의 체계는, 으레 자유주의적 인도주의를 향해 진화하게 되었다.

게다가, 17세기에 시작된 출판과 교통기술의 발전은, 문자 공화국과 독서혁명을 낳았고, 문해 능력, 도시화, 이동성, 개인의 권리, 인도주의, 과학, 기술 등에 힘입어 향상된 '이성의 힘'은, 삶의 습관과 신앙 그리고 공동체와 이데올로기 등의 전통적인 권위를 압도하게 되었다.

또한, 이 세상에 온갖 문제에도 불구하고, 폭력에 의한 희생(80% 차지하는 전쟁)의 감소를 이끈, '이성의 힘'은, 앞으로도 소중히 여겨져, 평화의 길을 이어가려는 방향으로 발전해갈 것으로 보인다.

2. 인간종의 본성

인간의 역사가 시작한 이래, 인간은 누구나 한 번쯤은 '인간종은 어떤 본성을 가지고 어떻게 살도록 태어났을까?' 하는 의문을 가져 보았을 것이다.

이에 대한 해답으로 가장 많이 인용된 대답은 성선설과 성악설이었다.

'인간의 본성은 선천적으로 착하다.'라는 성선설은 맹자(bc 372~289)의 중용에서 나온다. 서양에서도 스토아학파인 키케로(BC 106~43)와 세네카(BC 4~AD65)에서부터 시작되어 장 자크 루소(1712~1778)에 이르러 절정에 이르게 된다.

이에 상반되는 성악설은,

순자(BC289~238)가 주창한 설로, 인간종의 성품은 악 하나, 출생과 더불어 외부의 가르침이나 예의로 쌓아 올린 수양에 따라, 악한 성품이 지워져 버리게 된다고 하였다. 이설은 서양에서도 기독교의 원죄, 니콜로 마키아벨리(1469~1527), 토머스 홉스(1588~1697) 등에 의하여 주창되었다.

인간종은 본래 선하지도 악하지도 않게 태어났다는 설도 있는데 고자의 성무선-악설이고 서양에서는 존 로크(1632~1704),

임마누엘 칸트(1724~1804), 존 듀이(1859~1952) 등에 의하여 주창되었다.

인간종의 뇌는, 동물의 뇌에서 진화할 때 동물의 뇌 구조를 바탕으로 하고 그 위에 인간종 특유의 뇌(넓은 대뇌피질로 언어와 판단력 등의 고차원적인 의식을 만들어낼 수 있는 뇌)가 추가된 것임으로, 태어날 때의 뇌는 포유동물의 의식인 1차원적인 의식만이 발현되게 마련인데 그걸 들어, 태어날 때부터 악하다는 설이 성악설이라고 한다면,

태어날 때는 동물처럼 간악한 짓은 하지 못하도록 선하게 태어났는데, 사회에서 성장하면서 간악한 짓을 배워야 하는 것은 본성에 어긋나는 짓이라는 교훈이 내재되어 있는 설이 성선설이다.

성선-악설 모두, 갓난아이는 태어나 살면서 얻어지는 수양 정도에 따라 악한 짓도 하게도 되고 착한 짓도 하게 된다는 요지를 내포하고 있어 두 설은 본질적으로 동일해 보인다. 그리고 뇌의 기능상으로 볼 때 두 설 모두 별다른 의미가 없어 보인다.

최근, 심리학자 주디스 리치 해리스(1938~2018)는, 그의 저서 '개성의 탄생'에서 인간의 본성이 저마다 다른 것을 '유전자'와 '양육'의 차이에 의한 것이라고 통상적으로 받아들이고 있으나, 그런 것은 아니라면서, 유전자에 차이가 없는 일란성쌍둥이가 한 몸으로 접합되어 똑같은 조건에서 양육되어 성인이 된 이란의 접착성 쌍둥이인, 라엘과 라단 자매의 성격이 서로 다른 예 등을 들고 있다.

그리고 대안으로, 아이들은 사회 속에서 자기가 어느 범주에 속하는지, 파악한 다음에, 그에 맞게 자기 행동을 재단하기 때문에, 개인의 크고 작은 개성의 차이가 나타나는 것이라고 주장하였다.

인간종은 사회를 구성하려는 본능에 따라, 사회적인 동물로 이루어지는 사회에서 각자에게 주어지는 위치에서 책무를 수행하게 됨으로써, 생존을 넘어 풍요롭고 행복하게 살 수 있게 되는 것이므로, 인간이 자기가 속한 사회에 적응하기 적합한 개성을 가지게 된다는 요지의 주장은 수긍이 가고, 어렸을 때의 사회경험이 개성 형성에 크게 영향을 끼치게 된다는 주장도 타당해 보인다.

(그림 18) 라단(왼쪽)과 랄레흐 비자니 자매(참고자료 18 '개성의 탄생'에서)

라단과 랄레흐 비자니 자매의 예.

'이란의 라단(왼쪽)과 랄레흐 비자니 자매는, 일란성쌍둥이여서 유전자가 똑같은 데다가, 두 몸이 하나로 접착되어 29년간 똑같은 환경에서 자라 모두 법대를 졸업했다.

그럼에도 불구하고 둘은 서로 다르다. 라단 비자니는 기자들에게, 우리는 세계관도 다르고, 생활방식도, 생각하는 방식도 달랐다. 랄레흐는 테헤란에 가서 기자가 되고 싶어 했고 라단은 고향인 시라즈에 남아 변호사가 되고 싶어 했다고 말했다.

이들은 2000년대 초반 무렵 살아남을 가능성이 반반이란 의사의 말에도 기꺼이 분리 수술을 하다가 모두 죽었다.

3. 단계적으로 성숙해가는 마음

미국의 철학자이면서 심리학자인, 에이브러햄 매슬로(Abraham H.Maslow 1908~1970)는 그의 저서 '동기와 성격(이 저서는 초판 후 20여 년이 지난 1976~1980년 사이에도 연간 198차례 이상 논문 등에 인용됨)'에서 밝힌, 인간의 보편적인 욕구(본성)는, 1단계 생리적 욕구에서, 차례로 마지막 5단계인 자아실현 욕구 단계까지 발전하는 것이라고 주장했다.(참고자료 13)

자아실현 단계에 이르면 남도 나와 같이 느껴지고, 일은 놀이 같이, 놀이는 일 같이 느껴지는 성인이나 도사의 경지에 이르게 된다는 것이다.

다른 말로 하면 천사 마음이 악마 마음을 완전하게 제압한 단계에 이른다는 것이기도 하다.

정상적인 인간종은, 생리적 욕구, 안전 욕구, 소속감과 사랑의 욕구, 자기 존중 욕구, 자아실현 욕구 등의 5단계의 욕구가 있는데, 반드시 그런 것은 아니지만, 앞 단계 욕구가 충족되어야 그 다음 단계의 욕구가 생겨, 차례로 5단계까지 발전하도록 되어 있다는 것이다.

1) 생리적 욕구

항상성 개념의 욕구로, 체온 유지, 수분을 포함한 각종 영양소의 적정량 유지 등 생존과 관련된, 식욕, 활동, 자극, 흥분, 수면, 성욕, 감각적 쾌락, 게으름 등의 욕구이다. 이들 생리적 욕구는, 모든 욕구 중에서 가장 강력하다.

이들 욕구 중 어떤 특정 욕구에, 압도당할 때는 미래에 대한 철학 전체가 바뀔 수도 있다.

그리고 욕구가 좌절되면, 병리 현상을 나타내기도 하는데 낮은 단계의 욕구일수록 심하다. 참고로 비열한 공격성이나, 신경증적 욕구는, 반응적으로 일어나는 욕구일 뿐 기본적인 욕구는 아니다.

2) 안전 욕구

생리적 욕구가 어느 정도 충족되면 안전 욕구가 생기는 데 안전, 안정, 보호의 욕구, 두려움과 혼돈으로부터 해방되려는 욕구, 강력한 보호 장치의 욕구 등이다.

이 욕구는, 평생 고용 직장 선호, 저축심, 보험 가입, 안전과 안정을 추구하고 싶어 하는 마음, 등으로 나타난다.

3) 소속감과 사랑의 욕구

이 욕구는, 생리적 욕구와 안전 욕구가 어느 정도 충족된 다음에 생기는 욕구이다. 혼자는 살 수 없는 인간 어디든 소속되어야 하고, 사랑해야 생존에 도움이 된다.

여기에서 사랑의 욕구는, 애정을 주는 것과 받는 것을 모두 포함한다.

배고픔이 우선시되었을 때, 사랑은 불필요하고 비현실적이라고 망각할지도 모른다. 그러나 이 욕구가 충족되지 않을 때 외로움과 불안정에서 비롯된 고통이, 인간을 지배하게 될 것이다.

자신의 가정, 가족, 이웃과의 이별이 큰 상처가 되고, 각종 공동체가 계속적으로 증가하고 있다는 것은, 소속감의 욕구가 충족되지 못했기 때문이다.

좋은 사회가 건강하게 존속하려면 소속감의 욕구가 충족되어야 한다.

4) 자기 존중의 욕구

사람은 다른 사람으로부터 존중받고 싶은 욕구를 가지고 있다.

이 욕구에는 첫째, 힘, 성취감, 숙달과 능력 등으로, 세상에 대한 자신감을 얻고, 독립성과 자유를 추구하려는 욕구가 있다.

둘째, 덕망이나 신앙, 지위, 명성, 영광, 지배, 품위, 존엄, 가치 등을 추구하려는 욕구가 있다.

건강한 자존감은, 외적인 명성이나 세평, 부당한 아부가 아닌 타인으로부터 당연히 받을 가치가 있어서 받는 존경에 바탕을 둔 것이다.

자존감이 높지만 불안정한 사람은, 약한 사람을 돌보기보다는 지배하고 상처 주는데 더 관심이 있다.

5) 자아실현 욕구

인생의 삶은, '자아실현(self-realization)을 위한 자아의 잠재적 가능성의 실현 과정'이라고 자아실현을 처음으로 언급한 사람은 아리스토텔레스(기원전 384~322)다.

독일 철학자 에리히 프롬(1900~1980)은, 자아실현이란 '인간 자신의 잠재적 가능성을 창조적으로 발휘하여 실현하는 것'이라고 했다.

자아실현 욕구는 자기 자신이 성장하려는 욕구 즉 진정한 자기 자신이 될 수 있는 최고의 수준 다시 말하면, 정점에 이르고 싶어 하는 욕구이다.

자아실현 자는, 인간종에 대해 깊은 일체감과 동정심, 애정을 느낀다.

출생, 인종, 혈통, 가문, 젊음, 명성, 권력으로, 친구를 고르지 않고 성격, 능력, 재능 등의 면에서 엘리트를 친구로 고른다.

목적지에 도착하는 것 못지않게 그곳까지 가는 과정 자체를 즐긴다.

의무에 즐거움이 있어. 일과 놀이가 구분되지 않는다. 나와 남이 구분되지 않아. 상대방의 개성을 인정하고 존중하며 그 사람의 성장을 열망한다.

감탄과 사랑은 그 자체가 즐거움이고 보상일 뿐 그 이상의 아무런 목적이나 요구를 바람으로 여기지 않는다.

실체적인 진실을 찾기 위한, 즉 알고 싶은 욕구가 있어, 부단한 학습을 하고 연구하기 때문에, 지나친 분노, 자책감, 우울감

등을 억제하고, 편견, 질투 등의 상태에서 쉽게 벗어나게 되며, 거짓이나 부정직함을 꿰뚫어 보는 능력이 뛰어나게 된다.

다툼을 가급적 유머로써 체념하고 대범함과 초연함을 보인다.

자아실현 자의 창의성은 천진난만한 어린이의 순수하고 보편적인 창의성과 비슷하다. 그것은 모든 인간이 타고날 때 주어진 잠재성이며, 공통되는 인간 본성의 기본적인 특징이다.

반드시 그러한 것은 아니지만 자아실현 욕구는 생리적 욕구, 안전욕구 등의 4개의 전 단계 기본 욕구를 어느 정도 충족해야 성취할 수 있는 욕구이다. 이들 4개의 욕구를 충족하고도 자아실현에 도달하려는데 실패한 자는 그 이유를 정신병리에 의한 것이라고 보아야 한다.

냉소주의, 권위주의, 편견, 증오, 탐욕, 이기심, 가치 상실 등의 현상들도 가치체계의 관점에서 보면 질환이다. 이런 질환들이 인간의 능력 발전을 저해한다.

자아실현 자는, 부족한 것이 없어도 일하며 노력하고, 성격 성장, 성숙 등에 야망을 갖는다. 명예, 지위, 보상, 인기, 특권, 사랑보다. 자기 발전과 내면의 성장을 중요하게 여긴다.

삶의 기본적인 것들에 대한 경외심과 기쁨, 황홀함을 느끼며 거듭 감사할 수 있는 놀라운 능력을 지닌다.

문제에 몰두하거나 치열하게 집중하거나 자기를 잊고 심취하는 몰아의 경지에 빠지게 하는 체험, 즉 신비 체험 또는 절정 체험을 한다.

자아실현 자의 창의성은 삶의 모든 영역에서 나타난다. 마치

명랑한 사람이 목적이나 계획 없이 명랑함을 발산하는 것과 같다.

선한 사람, 무척 선한 사람, 위대한 사람, 창조자, 개혁자 등 비범한 사람이 많지만, 그들도 때로는 거만하고 이기적이며 분노하고 우울한 사람일 수 있다.

자아실현 자도 사람의 범주에 속해 있는 한, 완벽한 사람일 수는 없다. 완벽한 사람에 많이 접근한 사람이라고 하는 것이 옳은 표현이라 하겠다.

자아실현 자는 계속 증가하고 있다. 세계 경제가 발전하여 의, 식, 주의 어려움에 빠진 사람의 수가 줄고, 긴 평화로 2단계 욕구인 안전욕구도 어느 정도 충족되고 있기 때문이다. 그리고 이러한 추세는 가속될 것으로 보여 진다.

저자 메슬로는 자아실현 자가 세계 인구의 8%만 존재하여도 세계는 자아실현하는 사회가 될 것이라고 말한 바 있는데, 멀지 않은 장래에 이런 세상이 오지 않을까 하는 희망을 품어 본다.

5단계 욕구 이론은, 인간종이 가진 동물적인 본능에서부터, 인간사회의 발전에 따라, 발전적으로 변해가는 인간종의 본성을 적절히 설명해주는 학설로 철학, 심리학, 심지어 경영계에서도 많이 인용되고 있다.

4. 수학적인 수단으로 알아낸 마음의 본질

수학자이고 진화생물학자인, 마틴 노왁(1965~) 하버드대학 교수(외 1인)는 2011년에 쓴 저서 '초협력자(Supercoperators)'에서 인간종은, 다섯 가지의 상호협력이라는 놀라운 '협력능력(본능)'을 가지고 태어났다. 여기에서 협력은 공동의 목적을 향해 함께 일하는 것을 넘어, 잠재적인 경쟁자들이, 경쟁을 넘어 서로를 돕기로 결정하는 것이다.(참고자료 14)

인간종은, 다섯 가지의 협력 메커니즘을 모두 활용하여 본성을 발전시켜 갈 수 있는 능력을 지닌 초협력자들이다.

진화에서도 개체가 선택된 다음 개체군이 형성되는 데 협력은 필수적이다.

협력은 유전자를 염색체(chromosome)로, 염색체를 유전체(게놈 genome)으로, 유전체에서 세포로, 세포에서 보다 복잡한 다세포 생물을 거처 동물로 진화하는데 기여하였다. 이들 진화과정에서 개체들을 서로 협력하는 사회로 이끌었다.

협력의 메커니즘은, 박테리아의 군락의 공간 협력과 개미들 사이의 무조건적인 협력 그리고 동물들 사이의 상호성 등에서도 협력 메커니즘을 엿볼 수 있다.

그러나 인간처럼 다섯 가지 협력의 메커니즘을 모두 가지고 있고, 그것들을 놀라울 정도로 잘 활용하는 생명체는 없다는 것이 수학적인 방법으로 입증하였다.

인간종의 본성에 관한 연구는 철학이나 심리학자들의 영역이라고 알고 있었는데 수학이라는 과학의 언어로 다시 말하면 과학적으로 인간종의 본성을 탐색할 수 있다니, 수학의 쓸모를 잘 알지 못했던 나에게는 놀라운 일이다. 쓸모도 별로 없고 어렵기만 해 보였던, 수학의 효용성을 뒤늦게나마 알게 되어 다행이다.

수학은 복잡한 자연 현상을 수와 식으로 모델화하는 과학 언어이다.

행렬, 미분, 통계 등의 수학을 바탕으로 한 인공지능은, 무한한 잠재력을 가지고 발달하고 있다. 이미 인공지능 알파고는 두뇌 스포츠라고도 하는 바둑에서 세계 최고의 고수와 시합하여 승리하였다. 수학의 역할은 우리 삶에 점점 더 중요하게 접근해올 것이다.

수학자들이 밝혀낸 생명체에서 이기적이란 뜻은, 눈앞에 보이는 작고 단기적인 이익이 아니라, 협력에 의해 얻을 수 있는 더 크고 장기적인 이익, 즉 생명체의 본능인 개체의 생존과 번식 등 인간종의 삶을 더 유익하게 하는 이익을 뜻한다.

우리들의 몸속에 있는 세포는 자신들의 자손만을 늘리기 위하여 맹목적으로 번식하지 않고, 신체라는 보다 큰 공동체의 필요를 존중하여 간, 심장, 콩팥 그리고 다른 기관들의 기능을 창출하기 위해 정해진 방식에 따라 분열한다.

인간종의 사회에서도 경쟁이 아닌 협력이 생존과 번영 그리고 발전의 기본이 되는 것이다.

협력에는 배신이 필연적으로 나타나는데, 배신(착취)자를 처벌하는 것보다는, 용서하고 포용하여 협력관계를 유지하는 것이 이롭고, 처벌의 수준이 높으면 높을수록 사태를 악화시킨다는 사실을, 수학적인 방식으로 밝혀냈다.

창조성을 이끌어 내기 위해서, 그리고 사람들이 독창적인 아이디어를 내놓도록 유도하기 위해서는 채찍의 공포가 아니라, 당근의 유혹을 활용할 필요가 있다.

협력은, 세포에서, 다세포 생물과 동물로, 그리고 개미집, 마을, 도시에 이르기까지 모든 진화에 걸쳐 창조성을 책임지고 있다.

超협력자, 인간종이 지닌 다섯 가지의 협력 메커니즘에 관하여 내가 읽고 이해한 내용을 아래에 정리해보았다.

1) 직접 상호성(팃포탯)

흡혈박쥐는 밤 사냥 동안 먹이를 찾지 못한 동료에게, 자기가 사냥한 피를 토해 동료를 먹인다. 박쥐들은 과거에 자신에게 피를 베풀었던, 박쥐들과 피를 더 잘 나눈다는 사실이 알려졌다.

이 원칙은, 팃포탯(Tit For Tat), 맞대응 원칙이다. 이러한 사례는 동물의 세계에서 많이 존재한다. 마찬가지로 비열함에도 되갚는다. '눈에는 눈, 이에는 이'라는 문구에서 잘 드러난다.

남을 돕는 데는 비용이 들기 때문에, 협력은 항상 착취(배신)의 위협과 함께 하기 마련이다.

그럼에도, 오랜 기간 지속되는 공동체에서는 직접 상호성을 통한 협력이 가장 잘 작동한다. 그 이유는, 죄수의 딜레마의 게임에서 한 번으로 끝나는 게임에서는 배신하는 것이 유리하지만 게임을 반복할 때에는 협력하는 것이 좋은 것이 나타나는 것과 같이, 소공동체 내에서 사례가 반복되는 경우에 협력하는 것이 서로에게 이익이 되기 때문이다.

죄수의 딜레마는 1950년 정식화된 이래 다양한 형태나 형식으로 표현되었다.

한 번만 진행되는 게임에서는 배신하는 것이 이익이다. 하지만, 이스라엘 수학자 로버트 오만(2005년 노벨경제학상 공동수상, 1930~)은, 반복 게임에서는 평화로운 협력이 출현할 수 있음을 수학적인 방법으로 증명하였다.

평화로운 협력이 실현되는 데에는, 내가 속임을 당하면 상대방을 처벌할 수 있는 보복 가능성이 있기 때문이다.

가능한 보복 전략으로는,

(1) 상대가 협력하는 한, 나도 협력하지만 만일 한 번이라도 배신하는 순간 영원히 배신으로 돌아선다. 무자비 전략이다.

(2) 눈에는 눈, 이에는 이, 전략은 무자비 전략보다는 훨씬 관대하다.

(3) 두 번 연속 배신하지 않는 한, 배신하지 않고 협력하는 전략, 이는 실수로 배신한 경우를 구제할 수 있음으로 조금 더 관대하다.

(4) 괜찮으면 그대로, 좋지 않았다면 현재 전략을 수정하는 전

략은, 비둘기, 원숭이 등의 동물의 세계에서 흔히 볼 수 있다. 이 전략은 협력을 증대시키기는 하나, 보복을 통한 처벌이 없어 결국 배신의 재현을 허용하게 된다.

협력의 성공 여부는, 협력이 얼마나 지속될 수 있느냐, 그리고 얼마나 자주 배신이 부상할 수 있을 것인지에 달려있다.

천국 뒤에는 지옥이 뒤따르기 마련이다. 즉 배신과 협력은 순환하고 있다.

죄수의 딜레마에 대한 수학적 해법을 연구한 논문이 수없이 나와 있지만 직접 상호성이라는 모형의 수학적인 가능성은 체스의 게임처럼 열려있어, 딜레마를 어떻게 풀 것이냐에 대한 해답은 완결될 수 없었다. 체스게임처럼 그때그때의 당사자 간의 의도와 상황에 따라 풀어 갈 수밖에 없기 때문이다.

2) 간접 상호성

직접 상호성을 해부하기 위하여 반복 게임으로 살펴보았다면, 간접 상호성을 이해하는 데에는, 평판의 힘을 알 필요가 있다.

주어라 그러면 너희에게 주실 것이다(누가복음)라든가, 뿌린 대로 거둔다는 말은 간접 상호성을 암시한다.

이를테면 마을 같은 소집단 내에서 내가 누군가에게 작은 너그러움을 보여주면, 좋은 평판을 가져다준다. 평판의 힘 때문에 즉각적인 보상을 기대하지 않고서도, 다른 사람을 돕는다.

나쁜 사람을 돕지 않는 것이 좋은 것으로 인식될 수도 있다.

간접 상호성을 통한 사회적 욕구가, 인간 언어의 진화를 추동했다고 보인다. 소문, 귀여운 농담, 잡담, 자신의 발상, 사상 그리고 희망을 교환하며 함께 일하도록 해주는 것이, 간접 상호성의 효율성을 높여주기 때문이다.

문화적인 의미에서 본다면 최적의 적응자는, 가장 많이 모방되고 가장 많이 추종자를 남기거나, 그 철학이나 기술이 가장 널리 채택되는 자일 것이다.

언어의 출현은, 사회적 상호작용과 누가 무엇을 왜 하는지에 대한 토론의 폭을 엄청나게 키웠다. 언어 때문에 사회적 삶은 더 정교해졌다.

세대를 거듭해 가면서, 인간사회가 확장되고 사회적 삶이 더더욱 정교해지면서 간접 상호성이 작동하는데 윤활제 역할을 하는 소문은, 우리를 더 영리한 존재로 만든다.

3) 공간 선택

생명이 있는 곳에 떼, 무리, 군락이 있다. 점균류는 모자와 비슷한 형태로 응집한다. 들소는 떼로 뭉친다. 개미는 군락을 이룬다. 유인원은 무리를 형성한다. 인간 집단도, 여러 가지 무리를 형성한다.

컴퓨터 시뮬레이션을 통해 발견한 바에 따르면 함께 뭉치는 편익을 얻기 위하여 지력은 전혀 필요가 없다.

직·간접 상호성을 배제한 단순한 수학모델에서, 협력자와 배신자는 잘 섞인 집단 내에서 끊임없이 움직이는 상태(수프)로 존재한다. 그러나 이들이 배신자와 협력자가 뭉쳐 있는 이질적인 집단 상태(피자)로 넘어가게 되면, 진화의 궤적은, 협력은 복잡한 전략 없이도 협력자들 간에 협력이 발생하여 번성할 수 있었다.

이 시뮬레이션에 의하면, 생명이 탄생하는 시점에서 잘 섞인 원시스프 가운데서가 아니라 일정한 종류의 표면, 혹은 구조에서 협력의 씨앗이 생기기 쉬웠을 것이다.

이러한 이치는 일반적으로도 적용될 수 있다. 배신자들에게 둘러싸인다고 해도 무리를 지은 협력자들은 살이 남을 수 있다는 것이 협력이 살아남는 세 번째 메커니즘인 공간 선택이다.

우리는 이웃들과 더 친하게 지내고 싶어 한다. 아무런 공통점이 없더라도 말이다. 공간 구조는 협력이 풍부하게 발생할 가능성을 열어준다.

4) 집단 선택

위험에 빠진 누군가를 본다면, 우리는 걱정하게 되고 즉시 도움을 베풀고자 한다. 비록 그렇게 행동을 하지 않을지라도, 우리에게 그런 본능이 있다.

즉, 집단에 대한 공감이 즉각적인 이기심을 압도하고 행동하도록 이끈다.

진화의 수학적인 이해에 근거한 통찰 덕분에, 자연선택이 개체와 개체의 집단 양쪽에 어떤 작용을 하는지, 심지어 집단 간에도 선택이 발생하는가를 이해할 수 있게 되었다.

여러 가지 모형을 컴퓨터에 넣고 돌리면, 적합도가 높은 개체들이 통합한 집단이, 결정적인 크기까지 빠르게 성장하는 모습을 볼 수 있다. 그리고 큰 집단은 빨리 분열하게 된다.

여기에서 증식의 주체는 오직 개체지만, 집단 간의 선택도 이루어지게 된다는 것을 알 수 있다.

더 흥미로운 것은 배신자들은 집단 내에서는 승자가 되지만, 집단이라는 수준에서 보면 협력자들의 집단이, 배신자들의 집단을 압도하게 된다.

인간의 본능인 양심과 공감이, 즉각적인 이기심을 억제하지 않았더라면, 부도덕한 반사회적인(Psychopath) 사회로 퇴화해 버렸을 것이다.

많은 인간 집단에서 그리고 많은 정상적인 상호관계에서의 다툼은, 다툼으로 발생하는 비용이 당사자들에게 부과된다는 것이, 집단 간의 이타성을 확장하는데 기여했을 것이다.

집단 선택의 강점은 앞에서 본 공간 선택에서 같이 무조건적인 협력자들이 생존에 유리하다.

집단 선택이 직접 상호성 그리고 간접 상호성과 어떻게 관계를 맺는지를 연구하여 본바, 이들 메커니즘 사이에 시너지 효과가 있어서, 전체 효과는 개별 효과의 합보다 놀라울 정도로 크다는 것이 발견되었다.

5) 혈연 선택

피는 물보다 진하다. 같은 조상을 지녔다는 것이 주는 유대감이, 우정이나 친분보다 강하다. 친분이 강할수록 협력하려고 더 애쓴다.

여기에서의 이타성은 친족의 유전자를 공유하고 있기 때문에, 자신이 희생되더라도, 자신의 유전자를 퍼트릴 수 있다는데 근거하였다고 하는, 소위 해밀턴 법칙은 수학적인 통찰로 보아 신빙성이 떨어진다.

혈연 선택은 협력의 진화를 보여주는 하나의 메커니즘이다. 친족 인식에 기반을 둔, 조건부 행위가 존재하는 경우에 협력이 작동하리라 하는 것은 당연하다.

사람은 내가 형제를 대하는지, 낯선 이를 대하는지에 따라서 다르게 행동한다.

곤충 사회 즉 개미나 벌과 같은 진사회성은, 문화적 영향보다는 유전적인 진화에 비롯된다고 알려졌고, 이 이론 즉, 유전자 기반 발상은, 척추동물의 사회적 행동의 진화를 이해하는 기반으로까지 확대되었다(에드워드 윌슨 1971년에 출간된 '곤충사회'에서, 그는 1979 & 1991년 퓰리처상, 2회 수상했다. 1929~).

그러나 이 이론에 반기를 든, 많은 학자, 특히, 좌파 학자들은 인간의 사회활동이 사실상 인간 본능의 생물학적인 기반을 지니고 있다는 발상을 혐오했다.

수학적 분석이 보여준 결과에 의하면, 진사회성을 유지하는 것이 진화하는 것보다 쉬웠다.

모두에게 성공을 좌우하는 것은 협력과 분업이다. 진사회성은 다세포성과 마찬가지로 진화에서의 중요한 발명이며 협력과 분업의 위력을 보여준다.

이로써 개미는 1억 년 이상 이 땅에서 조화롭게 살아왔다.

우리도 언어를 통해 빠르게 진화할 수 있는 문화를 지니고, 수렵(채집)하며 유랑하던 부족에서, 동네로, 마을로, 도시를 이루는 단계로 발전한 것은, 인간종도 동물과 같이 진사회성을 지닌 공통점이 있기 때문이다.

(주) 여기에서 진사회성이란 협력하여 자식을 양육하는 사회성 곤충이나 여타

동물들을 기술하는데 사용하는 용어이다.

6) 협력과 실패

우리 일상의 활동은, 수많은 다양성을 지닌 세포들 사이의 정교한 조정에, 의존한다.

피부 세포, 신체나 부속기관을 구성하는 세포, 전기 신호를 전달하는 세포, 조직을 움직이는 근육 세포 등등. 이들 세포는 각기 다른 수명이 있어 지속적으로 분열하여 수명이 다한 세포를 교체해야 한다.

세포분열 중에, 오류가 발생하는 수도 있는데, DNA 구성상의 누락, 바이러스에 의한 DNA 손상, 담배에 포함되어 있는 어떤 화합 물질에 의한 DNA 손상, 혹은 뒤엉켜버린 염색체 등, 그 어떤 오류로, 세포가 분열해서는 안 될 시점에 분열하도록 만든다.

이와 같이 잘못 분열된 변이 세포는, 무리를 지어 선종(adenoma)을 만드는데, 선종은 주변의 조직에 이상 조직으로 감지되어, 둘러싸여 억제되기 쉽다.

하지만 이 변이 중 극소수 세포가, 국지적으로 침투하기 쉽게

만드는 또 다른 변이를 발생시킬 수 있다.

이것이 선종에서 암종으로 성장하여, 마침내 몸의 다른 부위로 옮겨갈 수 있는 능력을 가진 세포를 만들게 된다. 이들이 암의 전이를 만든다.

세포가 지닌 가장 기본적인 본능은 분열하려는 것이기 때문에, 치명적인 암의 재앙에 저항하도록 하는 아래와 같은 기능이 체내에 존재해 왔지만, 이는 결코 완벽하지 못하다.

세포 내에 유전자의 오류를 낮추는 유전자들이 존재한다.

세포들이 이웃 변이 세포로부터 발송되는 신호를 살펴 사멸시킨다.

면역 감시 체계가 초기암 세포를 파괴한다.

우리 몸 세포들 사이의 '건강한 협력'이 지속되는 기간을 늘릴 수 있는 연구로

창의적인 암 치료 방법이 고안될 것이다.

한편 진사회성 동물, 예를 들어 개미나 벌은 배신과 같은 협력의 실패가 없다. 여왕이 만들어 놓은 로봇으로 간주할 수 있기 때문이다.

인간사회는 사람들끼리 협력하도록 유도하기 위하여 처벌로 사람들을 위협해 왔다. 처벌 때문에 우리가 착해지고 협력한다면, 우리는 불쌍하다(알베르트 아인슈타인(1873~19550)의 어록).

나를 배신했다는 이유로 너를 처벌한다면 이것은 직접 상호성이고, 다른 사람을 배신했다고 너를 처벌한다면 이것은 간접상

호성이다.

처벌은 분노, 탐욕 그리고 공격성에서 비롯된다.

따라서 보복성 처벌을 하는 사람은 승자가 될 수 없고, 비슷한 것으로 갚아준다는 처벌이 사태를 악화시키지 않고 괜찮은 성적을 거둔다는 것도, 반복 게임 결과로 밝혀졌다. 하지만, 처벌의 수준을 필요 이상 높이면 높일수록 협력이 증가하는 속도가 낮아졌다는 것도 밝혀졌다.

한편 보상은, 함께 효율적으로 일하는 것(협력)을 얻어낼 수 있고, 창조성을 자극하기도 한다. 필요보다는 보상이 진정한 발명의 어머니인 것이다.

자연선택에 기초한 자연의 경쟁적인 틀에도 불구하고, 직접상호성과 간접 상호성이, 이기는 전략이 되는 것은, 희망을 품고 자비롭게 대하고 용서하는 전략이기 때문이라는 분석이 나왔다.

더 큰 몫을 혼자 차지하는 대신 다소 작은 몫을 누리더라도 전반적으로 생산적이고, 도움이 되는 상호작용을 택할 때, 나눌 파이가 훨씬 더 커지게 된다.

인간종만이 보유한 다섯 가지 협력 메커니즘을 수학적인 방법을 바탕으로 하여 '배신에도 용서와 자비를 베풀어 협력을 지속하는 것이 나눌 수 있는 파이가 훨씬 커진다는 것'을 밝혀낸 것은 큰 수확이다.

이로써 역사 속의 성인이나 도덕가들이 신앙인들에게 설파한 자비, 사랑, 희망, 용서, 황금률(남에게 대접을 받고자 하는 대로 대접하라, 마태복음 7장 12절) 등과 같이 협력을 지속하는 것이, 상호 간에 이득이라는 것을 밝혀낸 것이 되고 아울러 도덕가들이 설파한 세상으로 가고자 하는 목표를 협력으로 달성할 수 있다는 것이 되기 때문이다.

협력이 인간사회를 놀랍도록 협력적으로 만들어 놓기는 했지만 지난 수 세기 동안 내전, 인종학살, 세계대전 등 협력이 오도된 형태를 보였다.

이는 협력의 뒤에 배신자가, 착취할 기회를 노리고 있기 때문이다.

협력과 배신은 진동이다. 협력과 배신은 왔다가 가는 끝없는 순환 속에 있다.

인류의 이야기는 즉각적인 이익과 집단적 장기 목표를 향한 투쟁의 모험 사이에서 끊임없이 생성되는 긴장을 담고 있었다.

협력을 영원히 지속 발전시키기 위하여, 어렵지만 협력의 급격한 하락을 방지하거나, 붕괴가 일어난 후에 재빨리 복원되도록, 우리가 뭔가를 할 수 있을 것이다.

협력은 지도자보다는 아래에서 나오는 것임으로 시민들에게, 특히 민주주의의 중추적인 개념인 민주시민에게 희망을 둘 필요가 있다.

그리고 우리는 내향적이고, 편협하고, 비윤리적인 경쟁은 하지 않도록 배워 나갈 필요가 있다.

예를 들어, 우리는 우리의 친지 혹은 오직 특정 인류만을 돌보는 혈연주의 같은, 비생산적인 좁은 시야에서 벗어날 필요가 있다.

더욱더 광범위하고 사회에 고르게 협력을 함양하려는 노력이 바람직하다.

인간종의 마음은, 본질적으로 다섯 가지 협력을 활용하여, 나눌 수 있는 파이를 키울 수 있는 잠재능력을 점진적으로 발현시키는 방향으로 가도록 만들어져 있고 인간종은, 그 마음에 따라 살아가도록 진화된 것임을, 수학이라는 도구로 밝혀낸 것은 큰 성과라 하겠다.

SUCCESS
Develop
Reception
DATA
plan
solutions
serive
effect
BEST
75%
solution
Concept

4부

뇌가 만들어내는 마음

1. 마음과 운동을 만드는 뇌 (하늘보다 더 넓은 인간종의 뇌)

날개가 있어야 날 수 있듯이, 동물의 특징은 세포조직, 기관, 내지 구조와 이에 수반하는 기능에 의해 정해진다.

인간종의 특징은 뇌신경 세포들로 이루어진 뇌의 특징적인 구조와 기능에 따라, 인간종만의 마음과 운동을 만들어내는 특유의 능력을 지니게 되는 것이다.

인간종은 현존하는 동물 중 침팬지와 가장 유사하다. 침팬지와 인간종의 유전자는 99%가 동일하다.

그래서 눈, 코, 귀 등 감각기관의 구조가 동일하고, 자연으로부터 섭취된 음식물을 위에서 소화분해하고 분해된 영양분은 장에서 흡수되어 간을 통해 조정된 다음 혈액을 통해 각 조직에 있는 세포에 운반된다. 세포에 운반된 영양성분은 세포 내에 있는 미토콘드리아에서 폐를 통하여 운반된 산소와 결합(일종의 연소)하여 만들어내는 에너지를 생존하고 번식에 이용할 수 있게 됨으로써, 개체의 유전자를 대를 이어가며 전달하게 되는 등의 기본적인 생존 방식이 동일하다.

확실히 다른 점은 인간종은 직립 보행하고, 턱 근육이 두개골에 삽입된 점과 더욱 커진 두개골, 언어 기관을 갖춘 상두 후강

(Supralazyngeal Space)과 그리고 뇌 외곽을 둘러쌓을 정도로 충분히 커진 대뇌피질(Cerebral Corterx) 등이다(그림 19 참조).

대뇌피질 안에는, 말을 할 수 있는, 브로카(Broca)영역과 말을 이해하고 만드는 베르니케(Wernicke) 영역이 있고 판단과 계획을 가능케 하는 전두엽 등의 영역을 충분히 크게 가지고 있으며 기타 여러 감각기관의 영역들도 넓게 잘 발달되어 있다. 그래서 침팬지가 가지는 1차원적인 의식에 추가하여 인간종만이 가지는 고차원적인 의식을 만들어 낼 수 있게 되는 것이다.

내가, 1차와 고차원적인 의식을 동시에 만들어내는 인간종의 뇌에 관한 책들을 찾아 읽으면서 가장 감명 깊게 읽은 책은 제럴드 에델만(Gerald M. Edelman)이 저술한 '신경과학과 마음의 세계'(3판 1쇄 2015. 3. 10. 발행, 참고자료 15)와 '뇌는 하늘보다 넓다(1판 3쇄 2014. 4. 24. 발행, 참고자료 16)' 그리고 '세컨드 네이처(Second nature 초판 2009. 7. 7. 발행, 참고자료 17)' 등이다.

에델만(1929. 7. 1.~2014. 5. 14.)은, 1972년 생리-의학 분야 노벨상을 수상하고, 신경과학연구소에서 신경 세포 10만 개가 250만 개의 시냅스(synapse)로 연결된 의식이 있는 인공물을 만들어, 자신의 '신경 집단 선택이론(theory of neuronal group selection)'을 뒷받침하고 발전시키는데, 온 힘을 바쳤다.

내가, 이들 저서에 기재된 내용을 바탕으로 하여 이해한 인간종의 뇌의 구조와 기능에 관한 것들을 아래에 요약해 보았다.

인간종의 뇌의 구조와 기능은, 1차원적인 의식을 만들어내는 동물(포유동물)의 뇌 구조에 추가적으로 형성된 고차원적 의식을 만들어내는 구조가 부가된 복합적인 구조임으로 인간종의 뇌는 동물의 뇌의 기능도 함께 가진다.

그래서 인간종의 뇌가 만드는 의식 안에는 1차원적인 의식과 고차원적인 의식이 공존한다. 그리고 인간종의 마음은 인간종의 의식에 의존하여 만들어진다.

인간종의 뇌의 구조가 동물의 뇌와 다른 구조상의 차이점은 동물의 뇌가 약간의 대뇌피질과 해마 기저핵과 소뇌로 이루어지는 피질 하부기관과 뇌간이 연합된 구조에서 1차원적인 의식을 만들어내는 동물의 뇌에 비하여, 추가적으로 뇌 전체를 둘러쌓을 정도로 충분히 큰 대뇌피질을 가지게 되는 등의 구조적인 진화로, 인간종의 뇌는 고차원적인 의식도 가지게 됨으로써 무한한 잠재능력을 지니게 되었다.

특히 자유와 윤리 등의 고차원적인 의식의 가치가 생존 가치와 나란히 가치체계에 포함하게 되므로 인하여, 인간종이 사회적인 동물이 되어 상호협력을 할 수 있게 된다. 그래서 인간종의 능력은 개체로서의 능력에 더하여 상호 협력하는 집단으로서의 능력을 추가적으로 가지게 된다.

게다가 고차원적인 의식으로 인하여 논리적인 사고까지 할 수 있는 능력을 지니게 됨으로써 인간종은 무한히 발전할 수 있는 잠재능력을 실현하면서 살아갈 수 있게 된 것이다.

이상과 같은 능력을 만들어낼 수 있는 인간종의 뇌는, 무게가 약 1,400g이고 약 900억 개의 뇌신경 세포로 이루어져 있는

데 그중 대뇌피질에만 약 300억 개 이상의 뇌신경 세포(뉴런, Neuron)가 있고, 이보다 약 10배가 넘는 수의, 뇌신경 세포의 생존과 기능을 돕는 교세포로 이루어져 있다.

이들 뇌신경 세포들은, 시냅스(Synapse)라고 하는 세포 간의 접점을 통해, 서로 연결되는데, 대뇌피질에 시냅스 접점은 무려 1,000조 개(10의 15 승)에 이른다. 이러한 접점들이 연결하여 활성 가능한즉, 시냅스들이 외부와 내부의 자극을 받았을 경우 신경 세포 사이를 연결하는 경로의 수는, 우리가 알고 있는 우주 내에 있는 입자 수보다 많다.

대뇌피질에 한없이 많은 뇌신경 세포 간의 접점과 그들 간을 연결하는 회로들이 많다는 뜻은 그들의 연결로 이루어지는 미시해부학적(Micro Anatomy) 또는 미시적 형태학적 구조가 무한히 많다는 뜻이 되고, 이는 그 구조에 수반되는 기능도 무한할 것임을 내비친다.

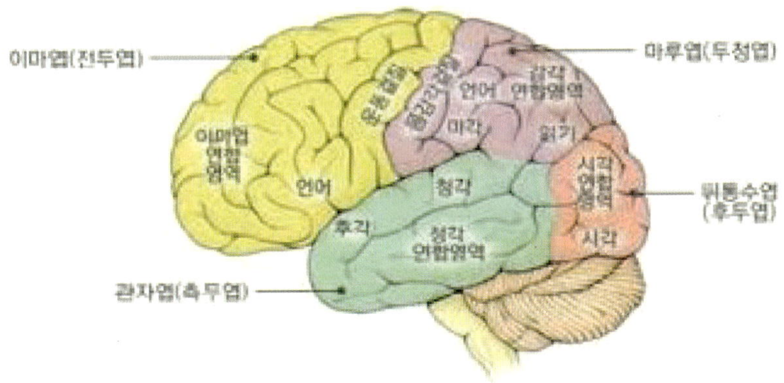

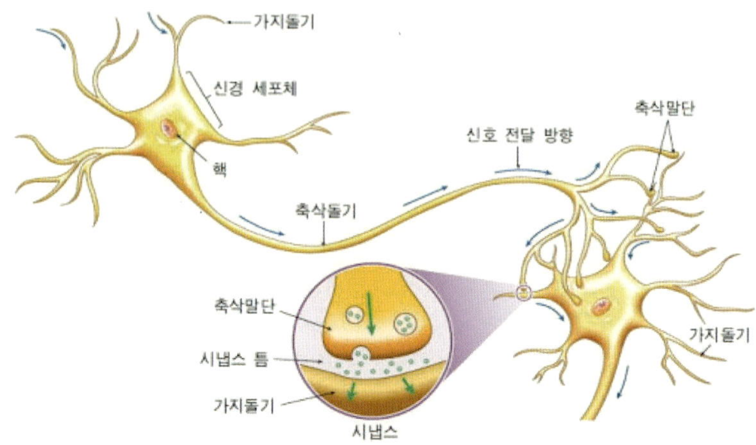

(그림 19) 위 그림: 인간의 뇌를 구성하는 주요 부분의 상대적 위치(참고자료 17 '세컨드 네이처'에서)

대뇌피질은 300억 개의 신경 세포를 갖고 있는데, 피질 상호간 또는 시상과의 상호 신호를 주고받는 재입력 신경섬유로 연결되어있다. 이를 시상-피질계라고 부른다. 대뇌피질 아래에는 기저핵, 소뇌(둘 다 움직임을 조절하는 기능을 가짐), 해마(장기기억기능을 가짐)라는 3가지 주요 피질 하부구조가 있다.

그리고 대뇌피질 아래 뇌의 중심부에는 진화상으로 가장 오래된 생명의 뇌라고도 하는 뇌간이 있는데, 뇌간은 폭넓을 연결망을 가진 여러 가지 가치에 반응하는 가치평가 시스템이기도 하다.

아래 그림: 두 신경 세포 간의 시냅스(synapse) 연결 그림.

시냅스 전(前) 신경 세포의 축색돌기로 내려간 활동 전위는 시냅스 간극 안으로 신경전달물질을 분비한다. 신경전달물질분자는 시냅스 후(後) 세포의 수상돌기의 수용체와 결합하여, 시냅스 후세포가 자신의 활동 전위를 발화시킬 가능성을 높인다. 특정한 활동의 순서에 따라 시냅스가 강화되거나 약화되기도 하여 시냅스의 효율이 변하게 된다(신경 세포의 형태와 종류는 다양하다. 이 그림은 신경 세포를 매우 단순화시킨 것이다).

우리에게 정신적 특성을 갖게 하는 대뇌피질의 뇌신경 세포 집단들은, 주어진 기능에 따라, 식탁보 크기와 두께의 6층으로 된 판이 쭈글쭈글 접혀있는 모양으로 보이는 대뇌피질 지역에 지도(map) 모양으로 분포되어 있다.

뇌신경 세포는, 세포핵을 중심으로 여러 개의 가지를 가진 나뭇가지 모양의 수상돌기(나뭇가지 모양의 돌기)가 있는데, 수상돌기는 시냅스를 통하여 시냅스 전 신경 세포의 축삭 돌기(축삭 말단)로부터 신경전달물질을 전달받는다.

수상돌기와 별개로 세포핵에서부터 길게 뻗어 나온 축삭 돌기가 있는데, 축삭 돌기의 끝부분에는 신경 세포의 핵 안에 있는 유전자가 발현하여 만들어낸 신경전달물질을 저장하는 소포들이 있고 맨 끝에는 신경전달물질을 배출하는 시냅스가 있다.

신경 세포가, 감각기관으로부터 자극을 전달받으면 신경 세포가 가지고 있던 정전기가, 전위차를 일으켜(활동 전위) 신경 세포 피막 층의 이온 통로를 통하여 전류가 흐른다.

전류가 신경 세포의 축삭 돌기를 통하여 흘러내려가면 끝부분에 있는 소포 안에 저장되어 있던, 신경전달물질이 시냅스의 간극 사이로 분비하여 시냅스 후 신경 세포 수상돌기 등의 수용체

(receptor)와 결합하게 된다. 이때 시냅스 후 신경 세포는 자신의 고유한 활동 전위를 일으키게 된다. 이와 같은 방식으로 전기적(화학적) 반응들의 조합과 조절을 통해 신경 세포 간에 연합이 이루어, 주어진 자극에 대응하게 된다.

2. 뇌의 주요 구조와 기능

뇌 사진을 보면 깊은 골을 지은, 쭈글쭈글 주름지어진 것으로 보이는 넓은 표면을 갖는 대뇌피질이 제일 먼저 보인다.

대뇌피질이 뇌 전체를 감싸고도 남아 주름을 지어 감싸고 있는 모습이다.

'대뇌피질' 바로 밑에는 엄지손가락 첫마디 정도 크기의 '시상(thalamus)'이 있고 시상하부에 변연계(Limbic System)가 있으며 피질 하부기관인 '해마'와 '소뇌' 그리고 '기저핵(대뇌핵)'이 있다. 그리고 뇌의 가장 깊숙한 곳에 자리 잡고 있는 '뇌간 Brain Stem)'은, 중뇌와 교뇌 그리고 연수로 이루어졌다.

1) 대뇌피질

대뇌피질은 전두엽, 두정엽, 후두엽과 측두엽으로 구분된다.

전두엽은, 사고와 판단 그리고 운동 계획 등에 관련된 중요한 기능을 하는 영역으로 대뇌피질의 30%나 차지하고 있으며 대략 20대 중반에야 완성되는 영역이다. 감각자극에 의한 행동, 무의식적 운동, 반사적 충동 행동을 출력하기 전에, 이전의 경험 기억과 현재의 감각을 비교하여 상황에 적합한 운동을 할 수 있도록 제어능력을 행사한다.

전두엽의 사고와 판단 기능은, 예를 들면 즉각적인 욕구를 당장 충족하지 못하도록 제어하고, 장기적으로 생존에 도움이 되는 행동을 하도록 판단해 준다.

언어를 생성하여 구사하는 브로카 영역(Broca, s area)도 이곳에 있다.

참고로, 대뇌피질 중에서 전두엽이 차지하는 비율은 30%나 되는데 비해 고양이 3%, 개 7%, 침팬지 11%에 불과하다.

두정엽은, 시각, 청각, 체감각 등의 일차 감각과 이들 정보를 통합하여 운동을 기획하는 통합 중추이다.

측두엽에는, 청각 정보가 일차적으로 전달되는 청각 영역으로 말을 듣고, 이해하고 만들어내는 베르니케 영역(Wernicke's area)이 있고, 장기기억과 관련된 해마와 연결하는 영역이 있다.

후두엽에는, 시각에 관한 정보와 눈의 방향과 초점 등의 운동을 조절하는 영역이 있다.

2) 시상

시상은, 뇌의 중심부위에 엄지손가락의 마지막 마디보다 조금 큰 크기에 불과하나, 의식 형성에 중요한 역할을 한다.

눈, 귀, 코, 피부 등에 존재하는 다양한 감각 수용체로부터의 신호가 뇌로 들어올 때, 감각 신호별로 구분된 시상 핵에 연결되는데, 신호를 받은 시상 핵은 축삭 돌기를 통해 대뇌피질의 해당 부의에 연결한다.

예를 들면, 망막의 신경 세포에서 투사된 시신경은 시상에 있는 외측 슬상핵(lateral geniculate nucleus)을 통하여 일차 시각피질 부위인 V1(visual area1)에 연결된다. V1을 통하여 들어온 신호는, 색, 모양, 위치, 등등을 관장하는 세부 시각 지역인, V2~V33 개의 지역에 연결된다(그림 20 참조).

대뇌피질은 시상에서 수많은 신호를 받고 마치 이에 답례라도 하듯 다시 시상으로 신호를 주고받는 신경섬유로 연결되어 있다. 이와 같은 상호 연결 신경섬유는 대뇌피질 자체 내의 신경 세포 집단 간의 신호도 주고받도록 연결하고 있다.

뇌 안에서 같은 방향으로 뻗어 가는 상호 연결 신경섬유들을 모은 크고 작은 신경 다발이 뇌 내에 형성되어 있는데, 신경섬유 다발 중 가장 큰 다발은, 좌뇌와 우뇌를 연결하는 뇌량이다. 그 안에는 2억 개가 넘는 신경섬유가 있다.

시상 주변을 그물 모양 구조로 둘러싸고 있는 그물 모양의 시상 핵이 있는데, 이 핵은 시각, 청각 등의 감각 핵들과 연결되어 시상 내의 핵들의 활동을 켜거나 막음(gate)으로써 다양한 감각 양식의 표현 패턴을 만들어 낸다.

수질판내핵(intralaminar nucle)이라 불리는 또 다른 시상 핵은, 뇌간으로부터 신경섬유를 받아 대뇌피질의 여러 부위에 투사하여 시냅스의 강약 수준을 조절한다. 이와 같은 조절로 의식을 만드는 시상-피질계가 가치체계인 뇌간-변연계와 연결하여 의식이 가치체계의 영향을 받도록 하는 기능은 의식 형성에 필수이다.

3) 변연계

변연계는 뇌간과 대뇌 사이에 있는 구조물로 포유류에서 와서 크게 발전하여 포유류의 뇌라고도 하는데 뇌간-변연계로 가치 체계를 형성한다.

4) 피질 하부기관

대뇌피질 하부에는 해마와 소뇌 그리고 기저핵(대뇌핵)이 있다.

해마는, 측두엽 안쪽 가장자리 양쪽에 하나씩 소시지 모양(해마 모양)을 하고 있는데, 해마는 장기기억과 관련이 있다.

특정한 패턴의 자극이 오면 해마의 시냅스의 강도(유용성)가 변하여, 특정한 회로들이 선택적으로 활기를 띠게 되면 대뇌피질의 특정 지역의 신경 세포들을 자극하게 되어 그 지역에 저장되어 있던 기억이 장기기억으로 전환된다. 해마가 제거된 사람은 새로운 장기기억을 만들어내지 못한다.

소뇌는, 근육운동 및 감각 운동의 부드러운 개시와 유연한 몸짓을 만들어내는 데 관여한다.

기저핵(대뇌핵)은, 운동 근육의 제어와 순서 운동 조절 등의, 운동에 관련된 역할을 한다.

기저핵이 손상되어 도파민이라는 신경전달물질의 분비에 이상이 생기면 손 떨림 등의 운동장애를 일으키는 소위 파킨슨병 증상이 나타난다.

한편 기저핵은 시상을 통해 대뇌피질에 연결되어 있는데 기저핵에서 억제성 신경 세포들은 GABA(감마아미노 부틸산: 억제성 물질)라는 신경전달물질을 대뇌피질에 투사하여 운동패턴을 조절(제어)한다. 그밖에 무의식적인 학습 행동들도 기저핵의 기능에 의존한다.

5) 뇌간(Brain Stem)

뇌의 가장 깊숙한 곳에 자리 잡고 있는 뇌간은, 뇌의 진화상 파충류가 가지고 있던 뇌라 하여 파충류 뇌라고도 한다.

뇌간은 뇌와 척수를 이어주는 줄기 역할을 하는 부위로 위에서부터 차례로 중뇌(중간뇌), 교뇌(다리뇌)와 연수로 구성되어 있다.

뇌간의 기능은, 호흡, 혈액순환, 소화, 등 자율신경계와 생명유지에 직접적인 수면, 갈증, 식욕, 체온조절 등의 기능에 관여한다. 그래서 생명의 뇌라고도 한다. 그리고 뇌간은 뇌간-변연계로 포유동물의 가치체계를 구성한다.

생명의 유지와 행동의 기준을 제시하는 중요한 기능을 가진 뇌간의 기능이 정지되면, 뇌사라고 판정한다.

한편 대뇌가 손상되어 의식과 운동기능이 상실되면 식물인간이라 한다.

가치체계에 대하여는 뒤에서 설명하겠다.

3. 뇌의 작동원리

의식과 운동을 만드는 뇌는, 오랜 세월 복잡한 환경에서 만들어진 자연적인 결실 물이다. 뇌의 가장 간단한 작동원리를 말한다면 진화의 원리다. 진화에서의 변이는 잘못된 것이 아니라 실질적으로는 선택의 다양성의 원천이 된다는 소위 개체군 사고(population thinking)이다.

개인의 뇌에서 발생하는 변화의 양이 엄청나다는 것은 뇌 구조와 기능 모든 면에 적용된다. 이는 개체마다 유전자의 영향이 다르고, 후성적인 배열이 다르며, 신체 반응과 변하는 환경 속에서의 이력에 따라서도 달라지기 때문이다.

그 결과, 신경계의 네트워크 구조, 시냅스의 강도, 시간적인 속성, 기억, 가치체계와 동기화 패턴 등 여러 차원에서의 엄청난 가변성(선택의 다양성)이 내재하게 된다. 이로써 각 개인은 저마다 내용과 방식이 뚜렷이 다른 의식을 순간순간 만들어내게 될 것을 예측할 수 있게 된다.

개별적인 뇌 안에 존재하는 국소적 차이들로부터 변이체 군이 형성되는데 이로써 주어진 자극에 따라 가치나 적응 조건에 충족하는 신경 세포 집단이 선택(선택된 신경 세포 집단군 또는 시냅스군)에 의하여 일정한 패턴을 만들어내게 된다. 진화에서는 더 적합한 개체들이 살아남아 더 많은 자손을 낳는다고 한다면, 개체의 뇌에서는 가치체계나 보상 조건에 부합되는 변이체군 이 선택되어 작동하게 되거나 미래 활동에 기여할 가능성이 높아진다.

선택 계에서 변이체군 이 형성되는 선택 단위는 신경 세포 집단이라는 이론이 1978년에 발표되었다.

예를 들면, 내부 또는 외부의 자극을 받으면 이에 부합되는 신경 세포 집단이 선택의 단위가 되어 재입력 상호 신경섬유를 통한 재입력 신호로 연결됨과 동시에 시상과 연결되는 구조를 형성하게 된다. 의식은 그 구조에 수반하여 나타나게 되는데 이 과정에서 가치 범주 기억의 영향을 받고 가치체계의 조정을 받게 된다.

그리고 재입력(reentry)으로 연결되는 다양한 시상-피질 지도와 비 재유입성 구조인 피질 하부구조(소뇌, 기저핵, 해마)와 상호작용에서 나오는 출력들이 운동과 지각 범주화를 낳는다.

아래에서 뇌 기능을 이해하는데 알아두어야 할 기본적인 교리인 신경 세포 집단 선택, 재입력, 전면적 지도화와 가치체계에 대한 개념을 살펴보겠다.

1) 신경 세포 집단 선택

뇌신경의 세부 회로는, 배(embryo)에서 뇌가 형성되는 과정과 출생 후의 경험에 의해, 엄청난 수의 다양한 미세해부학적 연결 구조를 가지게 된다.

먼저 배에서부터 뇌의 형태가 형성되는 과정을 보면, 뇌신경 세포들이 분열을 계속하여 세포 집단으로 커지게 되면, 세포결합분자(CAM. s)가 세포들을 결합시켜 무리를 만들고, 무리는 기질결합분자(SAM. s)에 의해 간접적으로 연결시켜 자유롭게 이동할 수 있는 행렬을 만든다. 세포결합분자에 의해 묶인 세포무리는 상피 판에 연결(포개)시키는 세포접합분자(CJM. s) 등의 형태규제분자(morphoregulatory molecules)들에 의하여 뇌의 형태가 만들어진다.

이어지는 과정에서 함께 발화할 뇌신경 세포들끼리 축삭을 내고, 수상돌기로 받는 세포와 세포 사이의 시냅스로 연결 지어 짐으로서 미세해부학적 연결 구조가 만들어진다.

이와 같이 만들어진 미세회로 구조는, 장소 의존적인 구조다. 소정의 장소의 신경계에 포함되지 않은 세포들은 소멸된다. 세포의 생성, 이동, 소멸 등의 회로 형성 과정은, 확률적이어서 개별적이다. 일란성쌍둥이라도 서로 다르다.

하지만 전체적인 양상은 종 특이성을 나타내는 데에는 차이가 없다.

출생 후, 미세회로들은 행동이나 경험에 따른 신호를 받게 되면 이미 형성된 시냅스의 강도가 변화하는데, 어떤 시냅스는 강해지고 어떤 시냅스는 약해진다. 이로써 시냅스를 통과하는 신호를 촉진하거나 약화시킬 수 있어, 선호하는 선택 가능한 미세회로의 수는 더욱더 많아지게 된다.

뇌의 여러 부위가 어떻게 서로 조화를 이루며, 새로운 기능을 낳게 되는지를 보기 위하여 대뇌피질 지도를 보면, 뇌지도 상의 부위들은 대규모의 평행적이고 상호적인 연결 섬유로 이어져 있다. 지도(map)에 분산되어있는 뇌의 여러 부위의 기능들이 선택적으로 상호 연결-통합됨으로써 하나의 기능이 나타내게 된다는 것을 알 수 있다.

예를 들어 시각계는 33개 정도의 서로 다른 지도 부위로 되어 있는데, 그것들은 각각 기능상으로 분리(위치, 색깔, 움직임 등으로)되어있다. 이들 부위가 평행적으로 상호 연결-통합되어 시각 기능이 나타내게 된다.

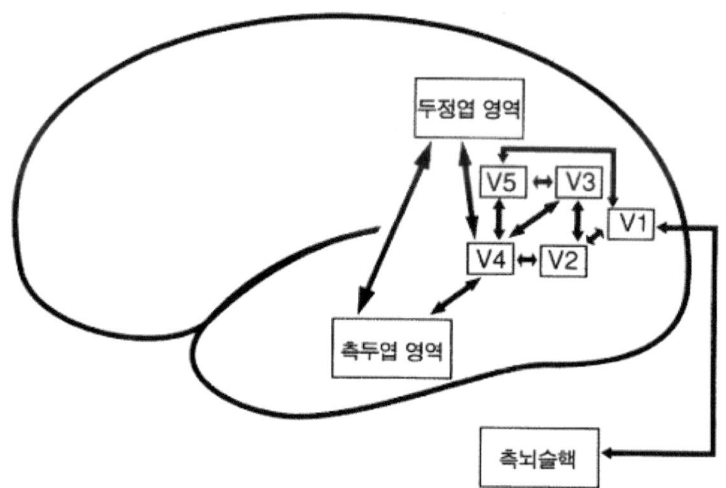

(그림 20) 뇌 시각령의 복합 지도는 상호 간에 재입력 적으로 연결되어 있다(측두엽 영역과 두정엽 그리고 시각 지도 V1~V5를 연결하는 양방향 화살표를 보라) 각 지도는 기능적으로 분리된 방식으로 작용한다. 즉 색, 운동, 정위 등등. 이런 속성들에 대한 '정보'를 개괄하는 그런 `감독 지도`는 존재하지 않는다. 그러나 재입력의 결과(양방향 화살표) 지도는 속성들의 연합에 일관되게 반응을 취한다(참고자료 15 '신경과학과 마음의 세계'에서).

이로써 뇌가 새로운 기능을 낳기 위하여 선택되어 상호 연결되는 단위는 뇌신경 세포가 아닌 V1~V33 등과 같은 뇌신경 세포 집단이라는 것을 알 수 있다.

신경회로의 조합에서 선택되는 단위가 뇌신경 세포 집단이 되어야 하는 또 하나의 이유는, 뇌신경 세포는 자극하거나 억제하는 성질이 있지만, 상반되는 두 성질을 동시에 가지지 않는다.

반면 두 종류의 뇌신경 세포들이 섞여 있는 집단은, 상반된 두 성질을 동시에 가지고 있을 수 있고, 지도들이 재입력 섬유들로 연결될 때 개별 신경 세포에서는, 집단에서 나타내는 특성을 찾아볼 수 없다.

뇌신경 세포 집단은 대개 50~1만 개의 세포 집단으로 존재하는데 전기적 반응에 도 집단으로 반응한다. 집단의 존재에 대한 증거로, 시각 뉴런에 꽂은 전기적 반응(지역장 전위) 실험에서, 하나의 시각 뉴런에 꽂은 전극은 그 전기적인 반응뿐 아니라 뉴런과 집단 내의 이웃 뉴런도 같이 기록한다. 시각적 자극이 있을 때 그 뉴런과 이웃한 뉴런들이 모두 같은 주파수에 진동한다. 자극이 제거하면 뉴런과 이웃한 뉴런들은 더 이상 서로 관계되지 않는다.

선택 단위가 뇌신경 세포가 아니라 세포 집단이라는 소위 '뇌신경 세포 집단 선택이론(theory of neuronal group selection)'은 1978년 제럴드 M. 에델만에 의하여 발표된 이후, 고등한 뇌에서 선택 단위는 단위세포가 아니라 재유입 상호작용으로 연결된 신경 세포 집단들이라는 것을 뒷받침하는 많은 논문과 책들이 갈수록 많이 발표되고 있다.

2) 재입력(reentry)

뇌신경 세포 집단은 어떻게 모여 통일성 있는 행동을 만들어 낼 수 있을까?

재입력이란, 뇌에 널리 퍼져 있는 대량의 평행 섬유(Parallel Fiber)를 통해 뇌의 한 영역(또는 지도)으로부터 다른 영역으로 전해졌다가 다시 되돌아오는 연속적인 신호 흐름이다.

재입력 신호는, 경로를 따라 매우 빠른 속도로 끊임없이 왕복한다. 이로써 특정 지도 내에서 또는 서로 다른 지도 내에서 신경 세포 집단들이 동시 또는 정해진 시간에 맞추어 재입력 신호에 의하여 통합하여, 출력을 만들어내는 회로로 묶이게 되는 것이다.

선택된 신경 세포 집단이 재입력으로 상호작용한다는 사실은 뇌 자기도 촬영법(MEG)이라는, 피실험자에게 상처를 주지 않고 시험하는 방법으로, 불과 1만개 정도의 뇌신경 세포 내에서 일어나는 미세한 전류의 자기장을 탐지함으로써 그 전류를 측정하는 방법이다. 피시험자는 148개의 초전도체 장치를 장착한 헬멧을 쓰고 밀폐된 방에서 행한다.

이 방법으로 뇌에서 멀리 떨어져 있는 뇌신경 세포들이 동기적으로 점화하는지 측정하여 재유입의 발생 여부를 측정했다. 그 결과 피실험자가 의식하지 않을 때도 시각 영역으로부터 전두영역에 띠 모양의 반응을 보이고 피실험자가 빨간색이나 파란색을 의식할 때에는 띠 모양 반응의 세기가 40~80%가 증가하였다.

이 실험으로 멀리 떨어진 대뇌피질 영역 간에 재유입 상호작용이 있다는 뇌신경 세포 집단 선택론을 뒷받침했다.

(신경과학연구소에서 제럴드 M. 에델만이 실험한 결과)

3) 전면적 지도화(global mapping)

전면적 지도화는, 뇌에서 지도화(mapping)되지 않은 피질 하부기관(해마, 기저핵, 소뇌)과 감각 체계인, 대뇌피질의 운동, 감각 지도 등 재입력 연결되는 국소 지도와 짝지음으로써 상호작용할 수 있는 역동적인 구조인 전면적 지도화가 만들어진다.

이 구조 안에는, 지도화되지 않은 기능적으로 분리된 속성과 재입력으로 서로 연결된 다양한 감각 지도들이 담겨있다.

감각 지도가, 운동 지도와 짝지어진 다음, 운동의 개시에 관여하는 소뇌와 운동을 제어하는 기저핵 그리고 장기 기억을 관장하는 해마 등과의 연결로 통합함으로써 전면적 지도화(global mapping)라는 통합된 고차원적인 구조가 획득되는 것이다.

통합된 고차원적인 구조에, 외부세계에서 감각 신호가 들어오면, 복합적 출력원이 운동을 낳는다.

감각 지도와 운동 지도가 포함된 이런 구조야말로 고등한 뇌의 지각 범주화를 가능케 하는 중요한 토대이기도 하다. 지각 범주화는 항상 가치라는 내부적 기준과 관련해 일어난다.

4) 가치체계(Value System)

인간종의 행위는, 기본적으로 유전적으로 선택된 가치에 의존한다. 가치체계는, 뇌와 신체로 하여금, 생명을 유지하는데 필요한 가치들을 얻어 충족하도록 유도한다.

가치체계는, 심장박동, 호흡, 먹이에 대한 반응, 호르몬의 작용, 등 생명 유지에 필요한 1차원적인 가치와, 자유, 윤리, 사회적 가치, 종교 등의 고차원적인 의식에 의하여 얻어진 고차원적인 의식의 가치에 의하여 뇌 영역에서, 호르몬 등 감정조절 물질을 분비하거나 스냅의 강도를 조절하는 방식으로 자율반응과 의식을 조정하는 체계이다.

예를 들면, 순교자나 성직자의 경우, 고차원적인 가치가 생물학적 수준에서의 1차원적 가치를 전면적으로 부정하는 것이 가능하다는 사실을 받아들여야 한다. 인간종이 사회적 체계 속에 목표와 목적 그리고 자유, 윤리적 등의 가치를 생존 가치와 나란히 가치체계 속에 포함하게 된 것은, 인간종만이 가지는 고차원적인 의식의 특성이다.

인간종은, 종에 주어진 가치를 추구하는 삶에서, 동물로서의 생존 가치와 인간종으로서 자유, 윤리 등 고차원적인 의식의 가치가 가치체계에 의하여 작동하게 되어있어 사회적 동물로서의 차원 높은 삶을 살 수 있게 되는 것이다.

가치체계의 기능은, 특정 상황에서 특정 시스템에 의해 특정한 감정을 느끼게 하는 호르몬(감정의 분자)을 분비하여 전신에 고루 퍼져 있는 수용 세포의 수용체에 결합하여 느낌을 만들어내게 됨으로써 이루어진다.

즉, 가치를 충족하게 되면 가치체계는 뇌하수체에서 소위 행복 호르몬(예 엔도르핀)을 분비하여 기쁨과 행복감을 느끼게 함으로써, 인간으로 하여금 생존 등 주어진 가치를 추구하도록 유도한다.

역으로, 가치 추구에 방해를 받거나 위협을 받게 되면 스트레스 호르몬(예 아드레날린 등)이 분비되어 심장박동 증가, 혈압상승 등으로 최대한의 에너지를 만들어내어 신체적으로 대체하게 되어있는데, 이러한 상황이 지속하게 되면 심신의 건강을 해롭게 할 수 있으므로 인간종으로 하여금 가급적 이러한 상황을 피하도록 유도한다.

위와 같이 인간종의 느낌을 조절하는 감정의 분자는, 학습을 촉진하고 보상을 하는 도파민, 일시적으로 기분을 좋게 하는 세로토닌, 통증을 조절하는 엔케팔린(enkephalin)을 비롯하여 지금까지 발견된 것만 200가지가 넘는다(참고자료 10 감정의 분자).

끝으로, 컴퓨터도 아닌 뇌가 어떻게 실수 없이 내외부의 자극에 반응하여 연결되는 복잡하고 많은 회로를 연속적으로 신속하게 만들어 낼 수 있게 되는가를 설명하기 위하여 뇌의 축중성(Degeneracy)이라고 하는 뇌의 특성을 알아야 한다.

축중성이란 복수의 구성요소 중, 일부가 다른 구성요소로 치환된 경우에도, 동일한 기능이나 결과를 산출하는 넉넉한 특성을 말한다.

예를 들면, 세포 내에서 유전자가 단백질을 합성할 때 DNA 염기 3쌍(Triplet)이 하나의 코돈(codon)이 되어, 하나의 아미노산을 지정하여 중합함으로써 단백질이 합성되는데, 염기는 4종(G, E, A, T)이 있기 때문에, 이론적으로는 64개의 코돈을 만들 수 있어, 64종의 아미노산을 지정할 수 있다.

그러나, 실제로는 20개의 아미노산만 존재하기 때문에, 한 개의 아미노산을 지정하는 코돈이 한 개 이상 있어, 염기서열이 좀 다른 서열인 코돈이라도, 결과적으로 동일한 아미노산을 지정하여, 소정의 단백질을 실수 없이 합성할 수 있는 능력을 지니게 된다.

축중성이란 이래도 되고 저래도 되는 좀 넉넉한 방법으로 똑같은 결과물을 얻을 수 있는 성질로, 결과물을 얻을 확률을 높일 수 있다. 다른 말로 하면 실패하기 쉽지 않게 하는 특성이다.

이러한 축중성은, 생물계에 널리 존재하는 생물의 특성이다. 세포의 특성에서부터 언어에 이르기까지 다양한 수준의 생물계 조직에서도 흔히 발견된다.

면역반응에서도 특정한 이물질 분자(항원)에 대하여, 동일한 항체 기능을 가지지만, 구조적으로는 서로 다른 항체들이 많이 있다.

축중성은 선택 시스템의 본질적인 특성이며 이것이 없었다면, 선택적 시스템은 실패했을지도 모른다.

우리의 지각과 기억에서도 신경 세포 집단의 수많은 서로 다른 회로들이 있어, 만약 한 회로가 기능하지 못하는 경우, 다른

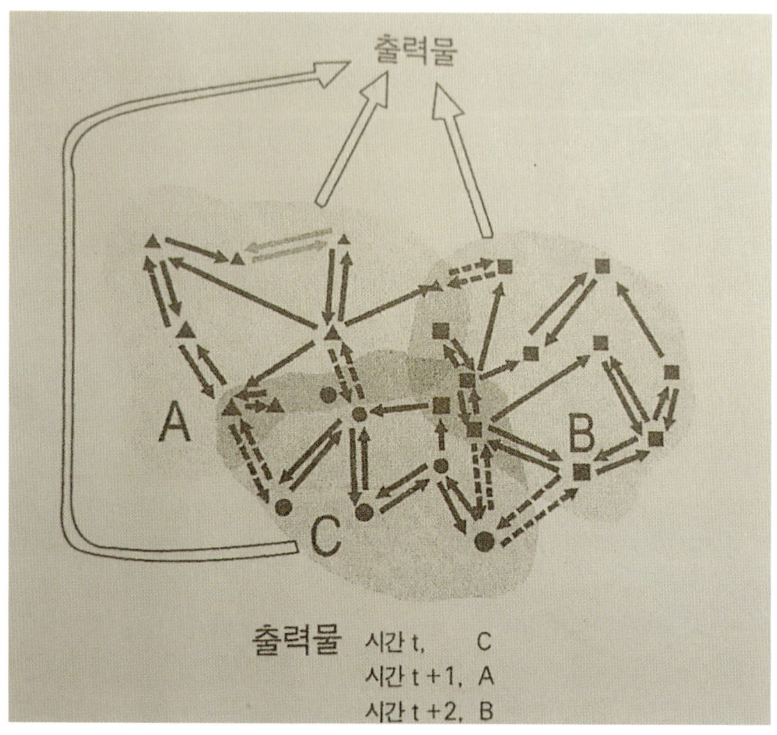

(그림 21) 재유입 회로의 축중성을 보여주는 그림. A, B, C에 속해 있으면서 부분적으로 중복되어 있는 서로 다른 3회로는 약간의 시간적 차이를 두고 비슷한 출력물을 생산할 수 있다(참고자료 16 '뇌는 하늘보다 넓다'에서).

회로로 기능하게 하는, 축중 시스템이 있어 실패를 어느 정도 방지한다.

또한, 입력 신호가 바뀌는 경우에 중복 가능한 부분은 그대로 두고, 일부만을 다른 회로로 바뀌어 연합함으로써, 신속하게 출력물을 실패 없이 만들어 내는 경우도 있다(그림 21 참조).

4. 뇌가 만들어내는 것들

1) 의식(consciousness)

의식이란, 깊은 잠에 빠져있거나 마취나 혼수상태에 빠질 때 잃어버렸다가 그런 상태를 벗어나면 되찾는 그 무엇이다.

정신적 상태의 총체인 마음은, 의식이 있어야 만들어지기 때문에, 의식에 의존해서 만들어지는 것이라고 한다.

의식상태에서는, 이미지, 기억, 느낌, 생각, 자율 감, 작위 감, 시각, 청각, 후각, 촉각, 통증 희미한 감각 등의 수많은 이질적인 요소를 포함한 감각 반응으로 다양하게 구성된 하나의 단위 장면을 경험한다. 어떤 경우에도 다른 것들을 완전히 배제하고 한 가지만을 의식할 수 없다는 의미에서 의식은, 여러 가지 감각이 통합된 단위 경험(A Unitary Experience)이다.

인간의 의식은, 1차원적인 의식과 고차원적인 의식으로 구분되는데 1차원적인 의식은 약 2억 5천만 년 전에서 2억만 년 전에 파충류에서 포유류 또는 조류로 진화하는 과정에서 시상(피질)계가 확장되고, 특정 시신경 핵(Thalamic Nuclei)이 증가되는 등의 대뇌피질이 확장되면서 나타났다.

포유류의 뇌에는 크게 보아 두 시스템이 있는데, 그중 하나는 파충류의 뇌가 가지고 있던 뇌간으로 식욕, 성욕, 호흡, 심박, 소화 등 자율신경계이다. 이 회로들은 고리 형태로 단단하게 연결되어 신체의 상황에 맞춰 선택적으로 작동한다.

또 다른 하나는 뇌간보다 늦게 진화한, 시상과 대뇌피질로 구성되는 시상(피질) 체계이다.

시상-피질 체계는, 내외부 세계로부터 입력받은 다양한 감각신호를 각 감각기관에서 받아, 시상을 통하여 감각 신호별로 대뇌피질 내에 정해진 지역(장소)에 연결되는데 이들 지역(장소) 내에는, 시상과 지역 간 또는, 지역과 지역 간을 재입력 신호로 연결되어 있는 체계이다.

그리고 시상(피질) 체계는, 피질 하부기관(운동을 다루는 소뇌와 기저핵, 기억을 장기화하는 해마)과 연결하여 1차원적인 의식을 만들어내게 된다.

시상-피질 체계의 시냅스 연결은, 평생 계속되는 변화를 겪음에도 불구하고 고리 형태로 연결된 뇌간보다 반응이 매우 빠르다(1/수십 초~수초).

1차원적인 의식은, 진화 과정에서 시상-피질 체계가 뇌간-변연계와 연결되어 가치 체계를 만족시키는 적응적인 변화로 낳게 된 것이다.

1차원적인 의식은, 현재 진행되고 있는 사건을 가치 범주(value category)에 대한 기억과 연결시키는 재입력으로 생성되는 역동적인 핵심부(dynamic core)라 불리는 시상(피질)계의 재입력 신경 네트워크 내에서 일어나는 '통합적 활동'으로 1차원적인 의식 즉 '기억된 현재'를 한 장면으로 경험하게 된다.

현재 진행 중인 사건을 과거의 가치 범주 기억에 연관시켜 만들어내는 장면을 활용할 수 있는 동물은, 미래에 대한 계획을 세울 수 있어 생존에 유리하다.

1차원적인 의식은, 현재 진행 중인 지각 범주를 가치 범주에 대한 기억과 재입력으로 연결됨으로써, 통합적인 핵심부 내에서 일어나는 통합적 활동의 패턴 즉 '기억된 현재'인 한 장면을 생성한다고 하여, 다른 것들을 배제한 단 한 가지만을 의식한다는 뜻이 아니라, 그 안에 감각, 지각, 이미지, 기억, 생각, 감정, 통증, 고통, 희미한 감각 등 여러 가지 이질적인 감각 요소들을 포함한 통합된 단위 경험이다.

1차원적인 의식은, 개별적(자기 시스템에 의한 의식)이며, 때때로 세계와 자기 자신에서 나오는 신호가 변함에 따라, 연속적으로 변한다.

그리고 의식 상태는, 대체로 사물이나 사건들에 지향성(믿음, 욕구, 의도에 관한 방향성)을 가지며, 때로는 기분, 행동 의지에 대한 자각도 포함된다.

이러한 통합적 활동의 패턴은 '기억된 현재'의 한 장면, 즉 복수의 감각 질(Qualia : 주관성이 들어간 식별 경험, 또는 느낌)들이 만들어주는 장면들을 활용하는, 동물은 미래에 대한 계획을 세울 수 있어 생존에 더 유리하게 되는 것이다.

예를 들어 가까운 곳에서 으르렁 소리가 들리고, 바람이 바뀌고 햇빛이 약해지는 것을 감지한 동물은, 과거에 포식자의 출현과 관련된 경험이 있었다면, 순간적으로 그 장면으로 의식하고, 즉시 안전한 곳으로 도망칠 것이다.

역동적인 핵심부로 통합하여 느낌이나 장면으로 의식하게 된다는 뜻은, 수많은 낱개의 지식을 가진 뇌신경 세포 집단 중에서 그때그때에 주어진 상황에 적합한 가치 기억의 영향을 받아 뇌신경 세포 집단들이 선택되어 재입력 회로에 의하여 역동적인 핵심부로 통합한 구조물이 형성하게 되고, 이때 이에 수반하는 느낌이나 장면으로 의식된다는 뜻이다.

이는 정보와 같은 복잡계(complex system)에서 낱개의 지식이 모여 집단 성질을 띤 정보를 만들어내는 이치와 같다.

그리고 역동적인 핵심부로 통합한 구조물의 형성이 의식을 수반한다는 것은 마치 복잡한 구조를 가진 헤모글로빈 분자가 헤모글로빈 고유의 스펙트럼을 내는 이치와 같다.

인간종이 직립보행 이후 뇌의 크기, 특히 대뇌피질이 크게 증가되면서, 말을 하는 브로카 영역(Broca. s Area)과 말의 의미를 이해하고 만들어내는 베르니케 영역(Wernicke. s Area)이 피질상에 생겨나고, 발성과 음식을 삼키는 행위를 동시에 할 수 있는 상후두성도(supralaryngeal tract)가 진화되어 성도가 생겨났으며 혀와 이빨, 구개 등이 성도로 흐르는 기류를 조절해서 명료하게 발음되는 음을 내게 됨에 따라 언어를 구사할 수 있게 됨으로써 고차원적인 의식이 만들어질 수 있게 되었다.

인간종이 고차원적인 의식을 가지게 됨으로써, 자신의 감정이나 행동에 대한 주체로서 사고할 수 있는 능력을 지니게 되는 등의 무한한 잠재능력을 지니게 된다.

그리고 자유, 윤리, 사회적 가치 등 고차원적인 의식의 가치가 생존의 가치와 나란히 가치체계에 포함하게 되었다.

고차원적인 의식의 가치가 1차원적인 의식의 가치에 의하여 작동하던 가치체계에 추가되어 작동하게 됨으로써 인간종은 사회를 구성할 수 있게 되고 그 사회에서 '사회적인 동물'로서 서로 도우면서 풍요와 행복을 누리며 평화롭게 살아갈 수 있는 능력을 지니게 되는 것이다.

고차원적인 의식은 1차원적인 의식에 도움을 주는 구조로 작동될 것을 요건으로 한다. 그리고 고차원적인 의식에는 개성을 만드는 능력과 과거와 미래의 세계를 모형화할 수 있는 능력 그리고 직접적으로 자각할 수 있는 능력 등을 가지게 된다. 이런 능력은 기호 기억(인간이 기억하기 쉽게 만든 기호)이 있어 얻어지는 것이기도 하다.

고차원적인 의식은 대뇌피질의 확대로, 수많은 새롭고 다양한 신경 세포 집단들이 생겨남으로써, 선택된 집단 간에 또는 시상과의 재입력 회로에 의해, 역동적인 핵심부로 통합되는 엄청나게 많은 조합이 가능하게 되어, 다양한 의식 경험을 할 수 있게 되고 이들 의식 경험을 바탕으로 인간종은 사회적으로 구축된 개성을 가지게 된 것이다.

또한, 기호에 의해 의미를 터득하게 되면서 자기가 의식하고 있다는 것을 의식할 수 있게 되었다.

사회적인 소통으로부터 미래의 상태와 계획된 행위를 예견할 수 있게 되고, 사후에는 결과를 평가할 수 있는 능력과 함께 계획 자체를 수정하거나 재편성할 수 있게 되었다.

감각 질을 식별하는 능력도 개선되었다. 예로써 포도주 맛을 구별하는 능력은 갈수록 세련된다.

그리고 1차원적인 의식을 기반으로 하여, 이름 짓기와 요구되는 상상의 세계를 만들어낸다. 자기에 유리하도록 다른 사람들 '진지하게' 속일 수 있게 하는 것과 같은 못된 방식으로 자기 자신도 속일 수 있는 교활한 능력도 지니게 된다. 교활한 능력으로 불행하게도 동물보다도 더 나쁜 짓도 할 수 있게 된다.

하지만, 인간종은 고차원적인 의식을 가지게 됨으로써 자신의 감정이나 행동에 대한 주체로서 논리적인 사고를 할 수 있는 능력 지니게 되어 똑똑해질 수 있게 된다.

사고는, 은유적인 사고(패턴 인식적인 사고)와 고차원적인 의식에 의하여 가능하게 된 논리적인 사고로 구분되는데 발달 초기 은유적인 사고가 지배적이나 과학이 발전함에 따라 차츰 과학적인 사실에 근거하는 논리적 사고가 작동하게 되었다. 하지만 아직도 우리의 언어에는 은유적 표현이 가득하다.

사고는 일정 부분의 과거나 미래를 망라하는 시작, 중간 그리고 끝마침이 있는 활동이다. 즉, 사고는 감각의 연결을 쫓아 흐르는 한 줄기의 멜로디이다.

의심은 사고를 자극하는 동기가 된다. 이런 의심 때문에 생긴 불편한 감을 완화시키고자 할 때 깨닫는 어떤 것이 신념이다. 그리고 신념은, 행동의 규칙 또는 습관으로 사고를 쉬게 하는 휴식처인 동시에 새로운 사고를 위한 출발점으로 제공한다(찰스 피어스(Charles Sanders Pierce 1839~1914).

의식에 관한 위 설명에 조금 더 부연-보충하면, 몸의 내부 또는 외부 자연으로부터 신호나 자극을 받으면, 각기 다른 지식을 가진 수많은 뇌신경 세포 집단 중에서 그 신호나 자극에 대응함에 가장 적합한 집단들이 가치 범주 기억의 영향을 받아 선택되고, 선택된 집단들은 재입력 신호를 통하여 수십~수분의 1초라는 이른 시간 내에 '핵심적인 통합 활동'부를 이룬다. 이와 같은 핵심적인 통합 활동부에 필연적으로 수반되어 형성되는 장면으로 의식하게 된다.

이런 의식 경험에는 지각, 이미지, 기억, 감각, 감정, 기분, 생각, 믿음, 의도, 운동 시나리오, 신체 상태의 풍부한 신호들이 포함된다.

그래서 의식은, 이어지는 또 다른 자극이나 신호에 따라 연속적으로 신속하게 변하게 된다. 의식은, 가치체계의 영향을 받는데 여기에서의 가치란 동물의 생존에 필요한 1차원적인 가치가 기본이 된다.

고차원적 의식을 가진 인간종은, 1차원적인 의식에서의 생존을 위한 가치체계에, 자유, 윤리, 사회적 체계 속에서의 목표와 목적 등 고차원적인 의식의 가치가 추가됨으로써 '사회적인 동물'이 되어 풍요와 행복을 누리고 평화롭게 살 수 있는 능력을 지니게 되는 것이다.

게다가 논리적인 사고능력을 지니게 되어 1차 및 고차원적인 의식의 가치를 훨씬 수월하게 효과적으로 얻을 수 있게 되었다.

그러나 초기 인간종의 뇌는, 고차원적인 의식을 가지도록 진화는 했지만, 그 기능을 발휘하지 못했던 초기에 집단을 이루고 산 것 외에는 동물과 별다름 없이 살았을 것은 당연하지만 아직도 문명화한 현대사회의 지능 수준에 크게 못 미치는 원시인 수준에 살고 있는 인간종이 적지 않은가 하면 왜곡된 가치를 추구하는 인간종도 적지 않다.

고차원적인 의식에서 주어지는 가치를 의식하지 못하고 1차원적인 의식에서 만들어지는 가치를 추구하는 데만 집착하는 동물 같은 행위에서 벗어나지 못한 인간 종이 있는가 하면, 자연에서 주어진 고차원적인 의식에서 주어진 가치에 반하는 병적인 가치를 추구하는 인간종의 행위도 적지 않다.

하지만 동물 같은 행위는 문명의 빠른 전파에 의하여 비교적 쉽게 벗어나게 될 것이고 인간종들의 병적인 가치 추구 행위도, 자연법칙에 의하여 주어진 가치와 다르거나 정반대 되는 가치를 잘못 추구하는 것이어서 자연적으로 퇴화하게 될 수밖에 없을 것이다.

인간종은 고차원적인 의식에 의하여 주어지는 논리적인 사고로, 기억된 현재 즉 1차원적인 의식의 족쇄에서 해방시키는 능력을 지니게 되는데, 바로 그때에도, 1차원적인 의식은, 고차원적인 의식에 강력한 구동력을 제공하면서 고차원적인 의식과 상호작용을 하게 된다.

사고에서, 은유적인 사고(패턴 인식적인 사고)는 매우 강력하여 일반성을 추구하게 되고, 논리적인 사고는 일반성에서의 모호성에 특이성이 나타내도록 상호작용을 한다.

뇌의 작동 과정을 지켜볼 때, 과학적인 가설 자체도, 은유적인 모호한 요소로부터 비롯되는 것이지만, 이 요소 또한 고차원적인 의식에서 핵심부 상태 간의 재조합을 통한 통합은 엄청나게 자유롭기 때문에, 창조성도 언제나 식별할 수 있는 거대한 느낌의 범위 안에 있다.

인간종의 역사는, 지속적으로 축적되어가는 과학지식을 바탕으로 하여 발전하는 논리적인 사고로 은유적인 느낌의 범위 안에서, 과학적인 지식을 창조해내게 됨에 따라 조금씩 더 풍요롭고 행복하게 살아왔다.

이러한 관점에서 볼 때 인간종의 잠재력 즉, 인간과 과학기술의 발달을 포함하는 모든 영역에서 인간종이 가진 지식은 한없이 확장될 것이고, 그 지식을 바탕으로 하여 더 확장해 가는 데에는 한계가 없어 보인다.

인간종과 관련되어 발생했던 큰 사건인, 우주의 탄생, 지구의 탄생, 생명의 탄생과 진화, 인간종의 탄생 등과 연관된 자연법칙들을 알게 되었고 최근에 알려진 상대성 이론과 의식의 신경학적 기반 등에 관한 과학적인 지식 등 모든 지식은 인간종의 삶의 역사를 배경으로 알아낸 것이다.

이들 지식은 다시 인간종과 관련된 새로운 역사적인 사건들 속에 녹아들어가 또 다른 과학적인 관찰과 이론을 찾아내는 근거가 된다.

그래서, 인류 역사는, 고차원적인 의식의 산물인 과학적인 지식을 바탕으로 하는 논리적인 사고와 동반하며 창조적으로 발전하였고, 앞으로도 끊임없이 창조와 발전을 이어 나아가게 될 것이다.

2) 무의식과 주의

가령 자전거 타기 같은 학습에 의하여 이루어지는 습관과 반사운동을 모르는 사람은 없을 것이다.

또한, 우리는 의식적인 주의 행동에도 익숙하다.

주의 행동은, 주의(Attention)와 인식이 분산된 자유로운 상태(Rest State)에서부터, 하나의 개념, 이미지, 생각 등에서 고도로 집중하는 경우에 이르기까지 광범하게 걸쳐 존재한다.

모든 현상은, 시상 피질계의 기능과 피질하기관인 소뇌, 기저핵, 해마 등의 기능과 연관되어 있다.

소뇌는, 운동의 개시 및 제어에 관여하고, 해마는, 대뇌피질과 상호작용으로 단기 기억을 장기 기억으로 전환시키는 일에 관여한다. 해마가 손상되면 더 이상의 새로운 장기 기억은 저장되지 않는다.

기저핵은, 대뇌피질과 교류하여 무의식 기능과 의식 기능을 연결시킨다. 기저핵의 운동회로는 운동피질의 반응을 강화하는 동시에 억제함으로써 운동을 조절한다.

예를 들면, 기저핵에 있는 흑색질에서 도파민이라는 신경전달물질을 만들어내는 기능이 손상되면 파킨슨병이 찾아온다. 이 병은 운동 개시 곤란, 운동 수행둔화, 떨림, 경직성 등의 현상이 나타나고 인지적 결함과 사고 둔화를 겪을 수도 있다.

행위와 감정에서 무의식의 역할을 강조했던 분은 정신분석의 창시자인 프로이트(1856~1939)이다. 그는 '과학적 심리학을 위한 계획'이라는 저서에서 의식적 행위와 무의식적 행위 사이의 연관에 대해, 신경을 바탕으로 하는 설명을 시도했지만, 곧 포기하고, 고유 무의식이라는 용어를 써 위협적인 기억을, 의식적으로 회상되지 않도록 하기 위해 억압될 수 있다는 주장을 했다.

그러나 신경 집단 이론에 의하면, 가치 의존적인 기억 시스템이 의식에 포함될 뿐, 기억 시스템 자체는 의식과는 동떨어진 것이다.

위협적인 기억이나 억압적인 회상을 무력화하려는 데에는, 위협적인 기억을 가치가 없는 기억으로 재범주화하는데 기인하는 것으로 보인다. 자기에게 위협이 되는 것을 감소시키려고 하는 것은 진화적인 가치가 있다.

무의식의 기초에는, 과거에 있었던 의식적인 학습 행동이 놓여 있다.

뇌 영상기술로 얻은 관찰 결과에 의하면, 대뇌피질의 상당 부분이 의식적인 과제학습에 참여했다. 가령 자전거 타기의 경우처럼, 학습하면 의식적인 주의가 불필요해지고 행동은 자동적이다.

그 시점에서 뇌 영상을 보면, 피질이 훨씬 작게 관여하는 것을 알 수 있다.

이는, 피질 일부가 의식을 만드는 시상(피질)계와 관련되지 않은 채, 기저핵과의 상호작용에 의한다는 것으로, 무의식적 행동을 잘 설명해주고 있다.

주의가 참여하지 않은 거의 자유로운 상태에서는, 피질-피질 간의 재입력과 시상피질 간의 재입력이 자유롭게 일어난다.

보다 집중적이고 범위가 좁은 주의 상태에서는, '그물 모양 핵'이 시상의 특수 핵들을 통제하여 의식을 만드는 시상-피질계의 활동 일부를 제한한다.

그리고 고도의 주의를 집중하는 상태에서는 시상(피질)계에 참여하는 전두엽과 두정엽 간의 상호 순환 고리들이 중심적으로 작용하여, 시상(피질)계의 활동을 제한한다. 고도의 주의를 집중하는 동안에는 지각(운동) 순환 고리 들과 전사상 들은 시상-피질계를 제한하여, 의식적 주의의 표적을 만든다.

이 상황에서는 주어진 과제를 제외한 어떤 것도 의식하지 못하는 것처럼 보인다.

3) 비정상적인 의식 상태

브로카 실어증 환자들은, 브로카 영역까지 연결되는 운동연합피질에 손상을 입어 말을 하지 못하는 병이다. 베르니케 실어증 환자들은 자기의 생각을 표현하지 못하는 빈말 증세를 나타내는데, 뇌졸중 등으로 인하여 뇌가 손상된 경우에는 행동 불능 증상 등이 동반될 수도 있다.

이와 같은 증상들은 뇌 구조상의 하자나 손상 등으로 정상적인 의식을 만들어내지 못하는 경우이다.

정신분열증(조현증)은, 유전자의 변형에서도 오고, 복잡한 환경 요소 때문이라는 증거도 있다. 정신분열증에서 환각이나 망상같은 증상들은, 고차원적인 의식을 담당하는 지도들 사이에 비동시성(asynchroy)이 있거나 적당한 지도화가 이뤄지지 않을 때 일어나는 재입력 시점이 왜곡되었을 때 발생하는 것으로 보인다.

미세해부학적 장애로, 핵심부의 반응으로 연결시킬 때 특정한 시간적 지연이 일어난다면, 실제와 달리 들리는 목소리나 외부세계의 악의적 태도가 환자의 생각을 혼동케 하는 형상이 발생할 수 있을 것이다.

신경증은, 수많은 증상의 복합체를 포함한다. 불안장애, 고소공포증, 폐쇄공포증, 공포신경증, 히스테리, 신체화 장애(somatization disorder) 등을 들 수 있다. 정신분석학적으로 보면 신경증은 내면 갈등으로부터 나온다.

프로이트의 주장은, 이러한 갈등의 원인이 유아기의 성적 충동이 좌절되는 경험에서 오는데, 이러한 갈등을 의식적으로 기억해 내지 못하게 하기 위한 다양한 방어체계가 작동하기 때문이란다. 따라서 억압된 기억을 의식적으로 자각할 수 있게 돕는 정신 분석적 심리치료가 필요하다는 주장이었다.

그러나 이러한 치료법은 매력적이지만 은유에 가득 차 있을 뿐 뇌-신체 상호작용에 관련해 밝혀진 구조적 기제로부터 너무 동떨어져 있다.

초기 사고는 대체로 은유적이며 그것이 가진 연상력(聯想力)은 매우 강력하다. 은유적 사고가 특정 문화에서 통용되는 규범적 가치관 사이에 균형이 없다면, 풍부하고 다양한 정서 상태와 그것을 상징적인 언어로 드러내는 과정은 균형을 잃고 신경증처럼 나타날 것이다.

정상적인 상태에서라도, 모든 지각은 일정 수준에서 창조의 활동이며. 기억에는, 아주 많은 자유가 존재하기 때문에 균형을 유지하기가 쉽지 않다.

다만, 신경증적 질환은 그 수준이 다를 뿐이다.

은유적인 사고를, 논리적인 사고로 다듬어 사회에서 통용되는 규범적인 가치관과 균형을 유지하도록 노력하는 것이 중요해 보인다.

4) 기억과 지각 범주화

기억을, 과학적으로 실험실에 들여놓고 연구한 심리학자는 독일의 '헤르만 에빙하우스'(Hermann Ebbinghaus, 1850년~1909년)였다.

그는 1880년 기억의 지속성을 다양한 실험으로 연구하여, 기억에는 불과 몇 분간만 보존되는 짧은 기억과 몇 일간이나 몇 달까지 존속하는 기억이 있으며, 암기의 연습을 반복하면, 기억이 오래 보존된다는 것을 발견하였다. 그 이후에 기억에 관하여 많은 연구가 이루어졌다.

생물학자들은, 성숙한 뇌신경 세포는 이미 분열능력을 상실했음을 알아냈고, 스페인의 신경해부학자 '산티아고 라몬 이 카할(1852~1934)'은, 뉴런들이 뇌 속에서 신호전달의 기본단위임을 알아냈다. 이 공로로 그는 1906년 노벨 생리의학상을 받았다.

학습은 새로운 뇌신경 세포의 성장에 의해서가 아니라, 기존 뇌신경 세포 간에 연결을 강화하여 가능해진다는 것과 장기 기억으로 저장하기 위해 뇌신경 세포들은 더 많은 가지(수상돌기)를 뻗어 새롭거나 더 강한 연결(시냅스)을 형성함에 따라 이루어진다는 것도 알아냈다. 그리고 기억이 퇴색할 때에는 신경 세포들이 가지를 잃어 신경 세포 간에 연결이 약화된다고 했다.

인간의 뇌는 약 900억 개의 뇌신경 세포로 이루어졌지만, 무척추동물인 바다달팽이 군소 등은, 10여 개의 신경절과 약 2,000개의 신경 세포로 이루어진 데다가 뇌신경 세포의 지름이 1mm 정도나 되어 육안으로 관찰할 수 있을 정도이다.

군소를 대상으로 자극에 대한 습관화와 민감화(위협에)의 학습과 기억 저장을 탐구함으로써, 단기 기억과 장기 기억에 관여하는, 분자들을 식별하는 작업이 가능해졌다.

이렇게 시작된 세포생물학적 연구는, 기억이 뇌신경 세포 간에 연결된 시냅스들을 통해, 어떻게 다른 종류의 신경전달물질이 신경 세포 상에 저장되는지, 그리고 단기 기억과 장기 기억과 차이는 어떻게 다른지에 대하여 연구한 공로로, 오스트리아 의

학박사 '에릭 캔델(Eric R. Kandel, 1929~)'은 2000년 노벨 생리의학상을 공동 수상했다.

그 내용을 요약하면 아래와 같다.

기억은, 이전에 가치체계의 영향을 받아 선택을 통해 이루어진 뇌신경 세포 집단의 회로가 다시 차출되어 과거의 사건을 재현하는 것이다. 이때 재현 방식은 축중적 회로 방식으로 빠르게(1/3 초보다 빠르게) 일어나게 되고, 그동안에 시냅스의 강도가 변하게 되므로 기억은, 이전의 경험과 비슷하지만 동일하지는 않다.

뇌는, 자극적이고 반복되는 정보를 중요 정보로 판단하고 시냅스의 강도를 강해지게 하는데, 시냅스의 강도가 장기적 기억 효율성을 나타낸다.

기억은 신경 세포의 구조 변화를 동반하거나 학습의 형태에 따라 세포 간의 연결이 더 많아질 때 장기 기억화 된다.

시냅스는, 다양한 신경전달물질의 증가 또는 감소하거나 유지할 수 있는 기능을 지니고 있다. 그 결과 시냅스는 다양한 유형의 기억을 저장하는데, 적합하다. 신경 전달물질은 신경 세포가 만들어내는 아미노산 또는 아미노산 유도체들인데 이들은 축삭을 통하여 축삭 끝부분에 있는 여러 소포체(소포체 하나에 5천 개 정도의 중합체가 저장됨)에 저장되어 있다가 시냅스로 방출된다.

기억은 장기 기억, 단기 기억(작업 기억), 복잡한 행동을 저장하는 절차 기억, 그리고 과거의 사건이나 이야기를 시공간적으로 저장하는 일화 기억 등으로 구분한다.

기억은 내용상 사유가 많을수록, 관심과 선호도 등, 몰입도가 클수록 향상된다. 실제로 단어는 철자의 모양에 집중한 집단보다는, 의미에 집중한 집단이 두세 배 많이 기억된다는 것이 실험적으로 입증되었다.

장기 기억에서의 해마의 기능은, 여러 피질 구역들에 독립적으로 형성된 기억저장소들을 서로 밀접하게 연결되도록 만들어준다.

해마의 신경 세포는 자극이 반복되거나 오래 지속되거나 강도가 증가하면, 2차 전달물질을 만들어 전달하는 등으로 특정 신경전달물질들을 합성 전달하거나, 새 시냅스를 형성하게 하는 등의 신경해부학적 변화를 일으키게 하여 기억을 장기화한다. 이를 장기 증강(long-term potentiation)이라 한다.

일반적으로 나이를 먹으면 장기 기억 형성에 지장이 생기는데, 이는 해마 회로에 속한 시냅스의 개수 감소와 시냅스의 강도 약화에서 비롯된다.

일부 사람이 예외적으로 뛰어난 기억력을 소유하듯이 노화에서도 개인적인 차이가 나타난다.

뇌의 부상이나 병 등으로 기억에 결함이 생기면 오래전 기억보다 최근 기억이 더 많이 손상된다. 이러한 현상을 발견한 프랑스의 심리학자 테오듈 리보(1839~1916)의 이름을 따 '리보'의 법칙(Ribt' s law)이라고 한다.

기억은 기능적이고 맥락에 대한 민감성을 보이면서도 이전 행동과 동일하지 는 않지만 비슷한 심리적-물리적 행동을 되살린다.

기억은 뇌신경 세포 집단들이 다차원적 신경망에서 발생하는 축중성 상호작용으로, 과거 사건에 관여했던 회로들이 차출되어 과거 사건을 짧은 시간 안에 재현하는 것임으로, 맥락적으로 비슷한 출력물을 생산해낸다. 그래서 과거 사건과 비슷하지만 동일하지는 않다.

그럼에도 불구하고, 우리는 종종 그것을 정확하게 떠올리고 있다고 착각하기도 한다(참고자료 18 에릭 캔델의 저서 기억의 비밀 등에서).

지각 범주화(perceptual categorization)는, 뇌가 수행하는 기초적인 과정 중의 하나이다. 지각 범주화를 수행하는 능력은, 이 세계의 의미를 이해하는 능력이다. 따라서 기억이 없는 동물은 지각 범주화와 개념을 형성하지 못한다.

지각 범주화는, 이전에 겪었던 범주적 경험에서 발생하는데, 재입력으로 연결된 다양한 피질 지도들과 운동 행위에 관여하는 피질 부속기관들(해마, 기저핵, 소뇌) 그리고 가치 체계간의 상호 작용을 통하여 얻어진다.

예를 들면, 뇌는 시각 신호를 받아들여 사물을 의자, 식탁 등으로 분류하지만

고양이는 식탁을 뛰어오르는 장소로, 바퀴벌레는 숨을 장소로 지각하고 아래쪽 어두운 곳으로 기어들어 간다.

5) 꿈

잠은 깊은 잠과 낮은 잠을 반복하며 자는데 꿈은, 깊은 잠이 들지 않았을 때 의잠 즉, 낮은 잠(REM 수면(rapid eye moving sleep)) 중에 꾼다.

빠른 안구운동을 하는 REM 수면 상태에서의 꿈은, 의식상태이기는 하나 대개 의식하고 있음을 의식하지 못하고, 감각 입력에 따라 운동 반응을 보이지 못한다.

꿈에 나타나는 장면들은 감각물의 입력도 없고, 운동신경으로 출력하지 않은 상태에서, 지각에 참여하는 뇌 부위와 개념 형성에 관여하는 부위 간에 재입력 연결에 의하여 이루어지는 기능이 없어 보이는 특수한 의식 상태일뿐이다.

5. 뇌의 기능으로 본 인간종의 미래

날개가 있어야 나르듯이 동물의 기능은 형태에서 나온다. 같은 이치로 인간종의 마음은 인간종의 뇌의 형태와 그 기능에서 나온다.

인간종의 뇌는, 포유류의 뇌에서 진화한 것으로 포유류의 뇌 구조에 인간 특유의 뇌 구조가 추가되어 구성된 것이므로, 인간종의 뇌 기능은 포유류의 뇌 기능에 인간종 특유의 뇌 기능이 상호작용을 하게 되어있다.

포유류의 뇌 기능의 특징은 1차원적인 의식을 가지게 되는 것이라고 한다면 인간종의 뇌 기능의 특징은 고차원적인 의식을 추가적으로 가지게 되는 것임으로, 인간종의 의식은, 1차원적인 의식과 동시에 고차원적인 의식을 가진다.

1차원적인 의식을 만들어내는 뇌의 구조에는, 크게 보아 대뇌피질과 시상으로 이루어지는 시상-피질 계와 피질하부 기관인 해마(장기 기억), 기저핵(운동 조절), 소뇌(부드러운 운동 개시) 그리고 가치 체계로 작용하는 뇌간이 있다.

고차원적인 의식을 만들어내는 인간종의 뇌의 특징적인 구조는, 대뇌피질이 크게 확대되어 그곳에 각각 언어를 만들고 언어를 구사하는 영역이 있고 기획-판단을 하는 전두엽과 기타 감각 부위들이 크게 발달하므로, 고차원적인 의식을 만들 수 있게 되었고 아울러 고차원적인 의식의 가치를 가지게 되었다

정신상태의 총체인 마음은, 의식에 의존하여 만들어지며, 의식은 가치체계의 조정을 받는데, 가치에는 1차원적 적인 의식의 가치인 생존 가치와 인간종을 사회적인 동물로 진화하는데 필요한, 고차원적인 의식의 가치가 가치체계에 공존하고 있게 된 것이다.

고차원적인 의식의 가치인 자유, 윤리, 사회적인 가치 등이 가치체계에 포함됨에 따라 인간종은 서로 돕고 살 수 있는 사회적인 동물이 되어 개별적인 능력을 극대화하고, 이에 더하여 사회적인 집단으로서 능력을 추가적으로 활용하여 생존 가치도 극대화할 수 있게 된 것이다.

구체적으로는 사회적인 동물이 되는 데에 필수적인 윤리의 가치를 얻으면 행복을 느끼게 하고 이 가치에 방해나 위협을 받으면 스트레스를 느끼게 하는 감정의 분자를 분비하게 하는 가치체계가 있어, 윤리적으로 협력하는 사회를 이루도록 유도되게 하고, 고차원적인 의식에서 주어지는 논리적인 사고가 인간종을 똑똑하게 만들어 1차 및 고차원적인 의식의 가치의 극대화를 도모하며 살도록 만들어진 것이 인간종이다.

이는, 인간종의 역사에서도 잘 입증되고 있다. 인간종은 초기부터 협력하는 소집단을 이루어 채취와 사냥으로 먹이를 찾아 지구촌에 흩어져 살다가 인구가 늘어나 먹이가 부족하게 되자

농지를 개발하여 작물을 심고 가축을 기르며 정착하여 살게 됨으로써 기원전 1만 년 전 불과 5~8백만 명 정도였던 지구촌 인구가, 기원후 1세기가 되자 2억 5천만 명으로 증가되었고 1400년에는 3억 5천, 1600년에 10억, 1945년에 25억, 1984년에 50억, 2021년에 79억 명으로 증가되었다.

증가 추세 과정에서 급등 추세를 나타내는 첫 번째 변곡점은, 농업혁명으로 정착하게 된 시기이고 두 번째는, 1600년대 후반 산업혁명을 전후하여 크게 발전한 과학기술의 발전에 의하여 발전한 논리적인 사고로의, 식, 주 등 생존에 필요한 가치가 충족하게 된 시기이며, 세 번째는 1940년대 후반 2차 대전 이후, 논리적인 사고의 발달로 똑똑해진 인간종이 전쟁해서 얻는 것보다 전쟁으로 인해 엄청난 큰 손실을 입게 된다는 것, 그리고 교역 등 상호협력으로 얻는 이득이 훨씬 크다는 것을 터득하게 되었다. 그로써 평화 기간이 길어진 요인이 증가 추세를 가속시킨 것으로 보인다.

인간종을 포함한 모든 자연물은 자연법칙에 의하여 창조된 자연물이고 자연법칙에 의하여 존속하게 되어있음으로 자연법칙에 반하는 자연물은 존속할 수 없다.

이와 같은 이치로 인간종도 하나의 자연물인 이상 자연법칙에서 주어진 가치나 가치관에 반하는 가치를 추종하는 의식과 마음, 그리고 행위는 퇴화할 수밖에 없다는 것을 알 수 있다.

앞에서 똑똑하게란 뜻은, 인간종은 논리적인 사고를 통해서 종간의 상호협력으로 1차 및 고차원적인 의식의 가치를 스스로 충족할 수 있는 능력을 발휘하면서 사는 것이 자신에게 이롭다는 것도 알게 되어, 설사 상호협력 과정에서 배신을 당하는 경우라 할지라도 투쟁이나 다툼 없이 포용하고 협력을 다시 살려내는 것이 이롭다는 것을 알고 살아가게 된다는 뜻을 내포한다.

위와 같은 인간종의 본질은, 성인, 도사 등 선지자들의 교훈과도 일치한다. 아마도 선지자들은 인간종의 본질을 탐구하는 과정에서 감정의 분자가 유도하는 방향과 윤리적인 협력의 이점을 느낌으로 깨달았을 것으로 생각된다.

그리고 이는 앞에서 설명된 '마음의 역사'와 '단계적으로 발전하는 마음'과도 맥을 같이하고 있으며 게다가 '수학적인 수단으로 밝혀낸 마음의 본질'에서 인간이 서로 돕고 협력하는 것이 설사 배신을 당하는 경우라도 용서하고 협력관계를 유지하는 것이 더 이롭다는 것은 수학적으로 입증된 결과와도 일치한다.

따라서, 고차원적인 의식에 의하여 가능하게 되는 논리적인 사고로 머지않아 우주와 인간의 몸에 관련된 자연과 자연법칙을 더 많이 알아내고 이용함으로써, 1차원적인 의식의 가치인 의, 식, 주를 충족하게 되고, 아울러 고차원적인 의식의 가치도 충족시켜주게 됨으로써 인간종은 풍요롭고 행복하게 평화로운 삶을 누리게 될 것이다.

하지만 아직도 어두운 역사가 만들어지고 있는 현실은, 자연법칙에 반하는 병적인 가치를 추구하는 행위가 허다하기 때문이다.

말하자면 인간종의 현재 위치는, 아직도 밝은 면과 어두운 면이 공존하는 즉, 초기 생존 가치만을 추구하는 동물적인 가치에서 인간종에게 주어진 고차원적인 의식의 가치를 추구하는 쪽으로 발전하는 어느 발전과정의 한 선상에 있기 때문이다.

자연법칙에 어긋나는 병적인 가치로는, 예를 들면 지배욕(남을 복종시키고 지배하려는 가치관), 욕심(자신의 분수에 지나치게 탐냄), 등등 말초신경적인 만족을 인간종의 본질인 가치로 착각하거나, 인간종의 본질적인 가치에 정면으로 도전하는 망상적인 가치에, 이념이라는 틀을 씌워 실현해 보겠다며 귀하게 태어난 동종 인간의 생명을 앗아가거나 불행에 빠트릴 뿐만 아니라 심지어 자신들조차도 불행에 빠지게 되는 자해-자살적인 병적인 가치를 추구하는 행위들이 일어나고 있다.

혼자는 살 수 없는 인간종은, 같이 살아야 자신도 살 수 있고 게다가 더 잘살 수 있게 해주는 같은 종의 인간을 해치는 것은 스스로 자기 자신을 해치는 자해적인 행위이다. 만일 인간종의 본질이 그런 것이었다면 아마도 인간종은 이미 오래전에 멸종되었을 것이다.

다행스러운 것은, 이와 같은 병적이고, 퇴행적이며 반자연적인 가치관은, 인간종 마음의 역사에서 점차 조금씩 퇴화하고 있다는 사실이다. 이 사실은 앞에서 인용된 '우리 본성의 선한 천사'에 수록된 근거들로 잘 입증되고 있다(참고자료 12).

위에서 살펴본 근거들을 바탕으로 인간종의 미래를 살펴본다면, 머지않은 장래에, 당면한 에너지와 환경문제를 동시에 해결할 수 있는 핵융합 에너지를 개발하게 되어 핵분열 에너지와 함께 에너지를 물처럼 풍족하게 사용하게 될 것이고, 다른 한편으로는 인간종은 자연법칙에 의하여 인간종에게 주어진 가치를 추구하며 살도록 설계되어 태어났다는 사실을 인식하는 인간의 수가 늘어나게 되어, 분쟁 특히 전쟁은, '이겨보았자 상처뿐인 빈껍데기 영광? 그 여파로 모두 상처의 지옥에서 살게 될 것이라는 자연의 이치를 아는 인간종이 사회의 주류를 이루게 될 것이다.

그때가 되면 그동안 전쟁을 하기 위해 탄생한 국가라는 권력기구에서 치안 유지 등의 책임을 맡는 지방조직 같은 역할을 담당하는 조직 등으로 개편될 것이고, 지구촌은 하나의 사회로 묶여 모든 인간종은 하나의 언어와 문화를 공유하는 이웃사촌으로 자유롭게 윤리적인 협력을 하며 풍요 속에서 행복하고 평화롭게 살아가는 마치 주기도문에 나오는 '아버지의 뜻이 하늘에서 이루어진 것 같이 땅에서도 이루어지는' 사회에서 살아가게 될 것이다.

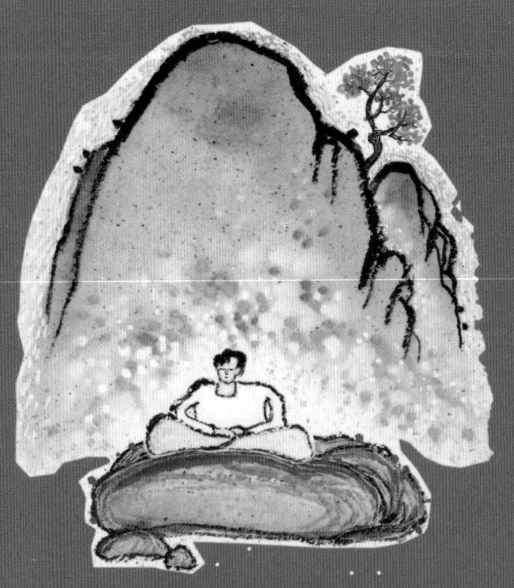

5부

미래를 대비하여

이상에서 알려진 사실들로 미루어보아 창조주께서 자연을 창조함에 있어 자연을 다스리는 법칙 즉, 자연법칙에 의하여, 빅뱅으로 미지의 에너지를 물질로 전환시켜, 물질에서 우주를, 우주에서 지구를, 지구에서 생명체를, 생명체에서 동물을, 동물에서 최종 목표물인 인간종이 탄생하도록 한 것이다.

자연법칙에 의하여 태어난 인간종도 자연의 산물이므로 자연법칙에 의하여 주어진 가치에 따라 살아야 존속할 수 있기 때문에, 이를 거스르거나 다른 가치를 추구하는 행위는 자연스럽게 퇴화할 수밖에 없다.

자연은, 인간종이 존속할 수 있도록 하기 위하여 고유의 가치를 주고 그 가치를 추구할 수 있도록 잠재적인 능력이 주어졌기 때문이다.

인간종은, 그들에게 주어진 잠재능력을 고차원적 의식에 의해 주어지는 논리적인 사고를 통하여, 스스로 자연과 자연법칙을 조금씩 알아내고 이를 활용하여, 그들에게 주어진 생존 가치와 사회적인 동물로서의 삶의 가치를 추구하면서 오늘에 이르게 된 것이다.

인간종은, 다른 수많은 호모 속 중에서 자연환경에 가장 적합하게 진화되어 지구촌 전체에 흩어져 집단 사회를 이루고 살고 있는 유일한 종족이고, 우리는 모두 같은 종의 집단 내에 속하는 잠재적인 협력 대상자들이다.

개체는 모두 서로 다른 고유의 잠재능력을 지니고 있는 사회의 일원인 사회적인 동물로서, 인간종에게 주어진 가치를 추구하는 삶에 있어 개체 마다의 고유한 능력 또는 집단으로 통합되는 능력 등으로 효과적으로 성취할 수 있게 되어 있다.

한편, 개체는 서로 다른 고유성을 가지게 되는 것은 개체가 만들어지는 과정부터 차이가 나기 때문이다. 유전자에 의하여 종의 특성이 나타나도록 인간종의 각 부위의 구조가 설계되고, 그 설계에 따라 세부구조를 시공함에 있어 유전자가 만든 수많은 단백질이 참여하여 마무리됨으로써 개체가 완성되게 된다.

그래서 각 기관의 세부 해부학적 구조는 개체마다 조금씩 다르다. 예로서 손가락 지문이 같은 사람이 존재할 확률은 60억분의 1도 못 될 정도로 개별적으로 서로 다르게 태어난다.

뇌의 경우는 더욱더 개별적이다. 뇌의 신경 세포 집단들의 연결 회로는 태어난 이후에도 경험에 따라 개체별로 달라지는 데다. 연결 회로상의 작은 차이에도 의식에 차이를 가져오기 때문이다.

또한, 의식은, 내부와 외부의 자극에 따라 형성되는 통합적인 핵심부의 구조에 수반되는 것이므로 설사 동일인에 동일한 자극에 의하여 형성되는 통합적인 핵심부와 이에 수반되는 의식이 동일할 가능성은 희박하다.

그래서 인간종의 개체는 육체도 마음도 천차만별로 다양하다 즉, 사람마다. 시간이나 환경에 따라 달라지는 삶에서, 통합적인 핵심부가 형성되는 선택범위가 무한정 넓어지게 된다.

그 결과, 이 세상에 미친 악마나 할 나쁜 짓에서부터, 성인-도사만이 가능해 보이는 착한 짓까지 다양하게 만들어지게 된다는 것을 알 수 있다.

그럼에도 불구하고 개체의 행동이 어느 정도 예측 가능한 일관성을 가지게 되는 것은, 자연에서 인간종에게만 주어진 가치를 기준으로 의식이 만들어지기 때문이다.

즉, 개체마다 다른 경험과 지식과 그때그때 상황에 따라 순간적으로 만들어지는 통합적인 핵심부와 이에 수반하는 의식은 '가치 기억'에 따라 만들어지고, 만들어진 의식은 다시 주어진 특정 상황에 따라 '가치체계'에 의하여 다양한 감정을 일으키는 감정의 분자를 만들어 분비하면 이들 분자가 수용체 세포의 수용체에 결합함으로써 느끼게 되는 감정에 영향을 받기 때문이다.

다시 말하면, 인간종에게 주어진 가치는 의식을 만들어낼 때 가치 범주 기억으로도 관여하게 되어있고, 또한 생존과 번식의 가치를 위주로 하는 1차원적인 의식의 가치와 자유, 윤리, 사회적 가치(사회적 체계 속에 목표와 목적) 등의 고차원적인 의식의 가치에 반응하는 가치체계에 의하여 분비되는 감정의 분자에 의하여 의식이 조정된다.

그래서 인간종의 역사는, 생존 가치인 '의, 식 주'와 안전에 관한 문제를 완화시켜 주는 것을 우선적인 가치(목표)로 의식하고, 고차원적인 의식에 의하여 만들어지는 논리적인 사고를 통하여 1차 및 고차원적인 의식의 가치를 충족시키는 방향으로 일관성 있게 흘러가게 되는 것이다.

식생활은, 채취와 사냥의 원시 시대에서, 농업혁명으로 크게 향상되기는 하였지만, 인구의 80%가 농업에 종사하였음에도 불구하고 식량부족으로 굶주림을 당하는 사람이 많았었던 농경사회가 산업혁명으로 산업사회로 진화됨에 따라,

농업은, 관개와 비료, 농업의 기계화, 등으로 미국의 경우, 불과 3% 미만의 농민이 생산하는 식량이, 전 국민이 먹고도 남아, 값이 저렴한데도 수출선을 찾기에 애를 먹고 있는 정도로 풍족하게 되었다.

의생활은, 석유를 분해하여 얻은 에틸렌 등의 분해물들을 새로운 방법으로 중합시켜 얻은, 면과 유사한 물성을 가진 폴리에스터 섬유와 모와 유사한 물성을 가진 아크릴 섬유 등을 싼값에 거의 무한정으로 만들 수 있게 되어, 헐벗은 사람을 찾아볼 수 없게 되었다.

주생활도, 석회석으로 만든 시멘트가 천연석재를 대신하고, 합성수지로 만든 인공 목재와 도료, 모래로 만든 유리 등이, 저렴한 가격으로 대량 공급됨으로써, 주택도 필요에 따라 충분히 공급할 수 있게 되었다. 게다가 석탄, 석유, 가스, 전기등의 비교적 풍족한 에너지로 냉난방 시설까지 갖춘 주택에서 거주할 수 있게 되었다.

석탄과 석유의 매장량이 머지않아 한계에 달하게 된다는 문제와 기후 등의 문제를 안고 살고는 있지만, 이에 대비하여, 이미 무거운 원소가 분열할 때 나오는 핵분열 에너지를 이용하는 방법으로, 대형 원자력발전소를 지어 전기를 만들어 쓰고 있다.

이 에너지는, 앞에서도 설명된 바와 같이 이미 지구 내부에서, 에너지를 만들어 지구 내부에 공급하여 내부 온도를 유지하는데, 쓰이고 있는 자연적인 에너지 중의 하나이다.

지상에서 혹시 잘못 다루어 폭발하게 되면, 그 피해가 크기 때문에 혐오 시설로 취급받을 수도 있지만, 그동안의 안전기술개발로 현재로서도, 거의 안전한 상태이나 더 안전한 방법들이 계속 연구되고 있으며, 동시에 화물선이나 대형 여객기 등 에너지 다(多) 소비형 장치에 적용할 수 있는 소형화 기술도 개발되고 있다.

다른 한편으로는 현재 UN을 비롯하여 여러 나라에서 연구실험 중인, 태양에서 태양에너지를 만드는 원리 즉, 2개의 수소 원소가 융합하여 헬륨이 만들어내는 과정에서 발생하는 핵융합에너지를 지상에서 실현하는 연구도 머지않아 실용화하게 될 것이다.

그때가 되면 에너지도 물처럼 저렴한 가격에 제한 없이 쓸 수 있게 되어 인간종의 생활에 획기적인 발전적인 변화를 이루고 살게 되는 또 다른 산업혁명 시대를 맞이하게 될 것이다.

우리나라의 경우를 보아도, 반만년이라는 긴 역사 속에서 소수의 지배층을 제외한 국민은 기아에 시달리며 노예처럼 살아왔다. 근대에 와서도 독재 왕정에 쇄국정책으로 통상과 산업화가 한참이었던 국제사회를 등지고 폐쇄적으로 살았기 때문에 제국주의 시대에는 제국의 식민지가 되어 살아본 적도 있다.

해방과 건국 그리고 이어지는 6·25사변 이후 5·16으로 새롭게 태어난 대한민국은, 당시 농업경쟁력이 전 세계에서 최하위급인 자연조건을 알지도 못하고 중농정책을 숙명적으로 고집하는 지식인들의 반대를 뿌리치고, 생존의 가치를 최상위 가치로 하고, 구체적인 방안으로는 수출산업화를 목표로 하여, 수출, 근면, 자조를 슬로건(slogan)으로 내세웠다.

이에 절대다수의 국민이 적극적으로 호응하여, 쌀밥을 먹을 수 있는 집이, 잘사는 집이던 시기에 적합했던 구호로 '우리도 한번 잘살아 보세'를 온 국민이 외치면서 성실, 근면, 인내, 자조 등의 가치를 중심으로 단합하여 수출산업화를 추진한 결과, 불과 십수 년 만에 쌀밥을 먹을 수 있을 정도의 부자가 아닌 집이 없을 정도로 잘사는 나라를 만들게 되었다.

인류 역사상 초유의 기적을 이룬 것이다.

우리나라를 포함한 여러 나라에서도 생존의 가치(1차원적 의식에서의 가치)를 어느 정도 충족하고 사는 사람들이 늘 만큼은 늘어났다. 이제 고차원적 의식의 가치를 기본으로, 서로 간에 협력하는 사회적인 동물로서 더 잘살 수 있는 여건이 구비된 셈이다.

논리적인 사고로 자해적이고 병적인 우위 경쟁, 과욕, 이념의 독선에서 벗어나, 진정한 자기를 실현하기 위한 자유, 윤리 등의 가치 즉, 고차원적 의식의 가치(일종의 자아실현 가치)를 생존의 가치와 동등한 가치로 의식하고 발전시킬 차례이다.

이러한 역사적 변화의 시대에 때를 놓치지 않고 성공적으로 맞이하기 위하여, 아니 한 발 더 앞서, 미래의 새 역사를 조금 더 빨리 맞이하기 위하여 이 시대를 살고 있는 인간종으로서 마땅히 대비해야 할 일이 있다.

첫째, 인간들이 사는 사회는, 개체가 가진 잠재능력을 손실 없이 최대한 발휘할 수 있는 환경을 만들어 주는데 힘을 써야 한다.

개체들은 각자가 가지고 태어난 고유의 능력을 방해받지 않고 자유롭게 발휘하며, 거기에서 나름 보람과 행복을 누리며 살아가도록 창조되어 태어난 것이기 때문이다.

인간은, 하나하나가 모두 특징적으로 다른 개체이다. 창조주께서 138억 년이라는 긴 세월에 걸쳐 확률적으로 희귀한 과정을 무수히 거치면서, 어렵고 또 어렵게 만들어진 귀하고 귀한, 존중받아야 할 소중한 자유인이다.

복잡한 탄생 과정에서 통계적으로 불가피하게 일어나는 오류 등으로 인하여 장애인으로 탄생할 수도 있다. 그러니까 운 좋게 비장애인으로 태어난 인간들은 그들을 소중하게 여겨야 한다.

둘째, 자연법칙에 의하여 인간종에게 주어진 가치가 무엇인가를 확실하게 알고, 그 법칙에 의해 주어진 고차원적 의식에 따라 코앞의 조그마한 이익에 눈이 가려 비윤리적인 행위를 피하도록 노력해야 한다.

윤리는, 인간종이 사회적인 동물이 되어 상호협력을 통하여 생명을 유지하는데, 필요로 하는 가치를 효율적으로 추구하기 위한 수단으로 쓸 수 있도록 인간종에게 고차원적인 의식의 가치로 주어졌다. 법은 윤리의 범위 내에 있어야 하고 법이 정한 범위 내에서 협력이 이루어져야 한다.

협력하는 과정에서 배신이 나타날 수 있는데 배신을 포용하고 협력을 재개하는 것이 유익하다는 사실을 명백히 알게 되는 데는 이성적인 판단능력이 필요하고, 이성을 발전시키는 데는 논리적인 사고가 필요하며, 논리적인 사고를 발전시키기 위하여 과학적인 지식이 필요하다.

거짓을 혐오하여 몰아내고, 진실을 바탕으로 논리적인 사고를 추구하고, 이성적으로 판단하는 삶이 학습되도록, 가정교육에서도, 학교 교육에서도, 사회교육에서도 성심껏 가르치고 또 배워야 한다.

실체적인 진실은 알아내기 어려운 것이다. 거짓이 끼어들기 쉽다 진실을 놓고도 해석이 분분할 수 있다. 하지만 진실을 외면하고는 개체도 개체의 집단도 논리적인 사고를 할 수 없다. 가능한 모든 방법을 동원하여 실체적인 진실이 찾아질 때까지 노력해야 한다.

진실에 접근하는 방법도 과학적이고 논리적이어야 하기 때문에 확실한 근거가 없이 접근하기 어려운 경우도 있다. 그럴 때일수록 근거 없는 다수의 의견에 따르고 싶은 유혹에 빠지기 쉽다. 경계해야 한다.

악마 마음 중에서 특히 경계해야 할 마음은 병적인 자존감에서 비롯되는 '우세경쟁'이다. 그러므로 권위, 위세, 명예, 등의 욕구는 허구적인 가치이다. 이성의 힘으로 제압되어야 한다.

직업에 귀천은 없다. 개체는 공동체의 일원으로, 각자 자기에게 주어진 자리에서 최선을 다하는 것이 귀한 것이고 그렇지 못한 것이 천한 것이다.

각자 주어진 자리에서 윤리적이고 자유롭게 그리고 창의적으로 책임과 의무를 다하는 것이 귀한 것이다.

공동체 내에 우열이란 애당초부터 존재할 수 없는 거다. 똑같은 세포들이 모여 공동체를 구성하여 만들어진 것이 동물의 기관이고 기관들이 모인 공동체가 동물이고 인간종이다. 동일한 세포로 만들어진 기관, 기관들이 모인 인간 사이에 우열이 있을 수 없다. 만일 이들 기관이나 세포들이 우열경쟁(지배 경쟁)을 했다면 우리는 태어나지도 못했을 것이고 인간종의 사회에서도 우열경쟁만 일삼았더라면 이미 오래전에 멸종했을 거다.

직업에 귀천이 없듯이 공동체 내에서 '사람 위에 사람 없고 사람 밑에 사람 없다' 주어진 자리에서의 일에 책임과 의무를 성실히 수행하도록 되어있을 뿐이다.

이러한 이치도 오래전부터 선각자들에 의하여 알려져 격언으로 전해졌다.

셋째, 건강을 지켜나가야 한다.

건강이란 '질병이 없거나 허약하지 않은 것만 말하는 것이 아니다. 신체적-정신적-사회적으로 완전히 안녕한 상태에 놓여 있는 것'이라고 WHO에서도 정의하고 있다.

건강은 병이 없는 것 외에, 사심 없이 사는 거다. 그러면 소속감과 친절과 용서하는 마음이 자란다. 이런 심상은, 행복을 느끼게 하고 몸과 마음을 건강하게 하며 병을 예방하는 데도 도움을 준다.

몸의 건강을 지키는 데는, 몸에서 필요한 영양을 충분히 섭취해야 한다. 영양분은 단순히 에너지를 만드는 영양과 수명이 다한 세포를 대신하여 새 세포를 만드는데 필요한 영양으로 구분된다.

뇌신경 세포를 제외한 모든 세포는 저마다 다른 수명이 있어, 각기 적절한 시기에 세포분열 과정을 거쳐 새 세포를 만들어야 한다. 수명이 제일 긴 세포는 뼈세포이고 수명은 약 5년이다. 수명이 제일 짧은 세포는 위 내벽 세포로 3일이며 평균적으로는 2년이다.(참고자료 20 Younger Next year 참조)

새 세포를 만들려면, 세포 내의 핵을 만드는 핵산, 세포막을 만드는 불포화인 지질 등이 필요하고, 세포 내에서 가장 다양한 역할을 해야 하는 단백질들을 만드는 데에는 20종의 아미노산, 그리고 기타 미량의 원소성분들이다.

몸에 필요한 영양을 섭취하는데 별다른 노력이 필요한 것은 아니다. 다만 이론적으로 필요한 것들이 무엇이라는 것을 알면, 편식을 피하게 될 것이다.

필요한 칼로리는 대충 탄수화물 60%, 단백질 20%, 지방 20%의 균형이 유지되도록 고루 먹으면 될 것이다.

그다음 중요한 요소는 운동이다. 수명이 다한 세포를 새 세포로 교체하는 데는 우선순위가 있다. 심장과 같이 한시도 쉬지 않고 뛰는 세포가 최우선적이고 장기간 쉬고 있는 근육세포가 있다면 당연히 후 순위일 것이다. 내 몸에 있는 근육세포를 포함한 모든 세포가 필요한 세포라는 사실을 몸에 알려주기 위하여 전신운동을 해야 한다.

인간의 한계수명은 125세라고도 한다.

그 근거로 척추동물의 수명이 뇌 발육 기간보다 5배라고 하는데. 인간의 뇌에서 전두엽까지 완성되는 시기는 25년임으로, 25의 5배 하면 125년이 되기 때문이라고 한다. 노화를 병으로 보고 치료방법을 연구하는 학자들도 늘어나고 있다.

100세 이상 장수하는 사람의 수가 늘어나는 추세이긴 해도 아직 그리 많은 숫자는 아니다. 그 원인은 대부분 잘못된 생활습관에서 비롯되는데 그중 가장 중요한 것이 식생활이다. 과식, 편식, 불균형 영양식, 독성이 있는 물질의 섭취 등이 수명을 단축시키는 요인으로 작용한다.

그다음으로 중요한 것은, 과로 또는 철야를 한다거나 낮과 밤을 거꾸로 사는 등의 생활리듬을 깨는 것이고, 부족한 운동량은 몸을 녹슬게 한다.

그리고 뭐니 뭐니 해도 다루기 힘들고, 중요성이 잘 부각되지 않아 소홀하기 쉬운 것이 감정조절이다.

우리는 현대사회로 발전되면서 맹수 등 실질적인 위험이나 위협 같은 상황을 맞이하기 쉽지 않다. 그럼에도 불구하고 우리는 흔히 불필요한 나쁜 감정을 일으켜 건강과 행복을 잃는다.

감정에는, 즐거움, 만족, 용기, 분노, 공포, 슬픔, 쾌감, 통증, 배고픔, 목마름, 영감, 경외심(두려움+놀라움), 황홀감, 등 인간만이 가진 주관적인 느낌 모두 포함한다.

주어지는 상황에 따라 행복한 감정을 느끼게 하는 엔도르핀(Endorphin), 에서부터 스트레스를 느끼게 하는 아드레날린(Adrenaline) 등의, 감정의 분자가 분비되어, 수용세포의 세포막에 있는 수용체(receptor)와 결합하면, 분비된 분자가 일으키는 감정을 느끼게 된다. 엔도르핀은 통증을 감소시키고, 행복을 느끼게 하는 반면, 아드레날린이 뇌에서 분비되어 온몸에 퍼져있는 수용체와 결합하게 되면, 심장박동 증가, 동공 확장, 혈류 증가 등 몸에 나쁜 반응을 일으킨다. 문제는 위험이나 공포 또는 분노할만한 실체가 없는데도 불구하고 실체가 있는 것으로 오인한 데서 비롯된 스트레스 호르몬을 분비하는데 있다.

정상적인 감정은 비록 분노, 공포, 슬픔이라도 건강한 것이다. 몸과 마음을 통일시켜 주기 때문이다.

정상적인 감정이 지나치게 억제되어 자유롭게 흐르지 못하면, 감정은 오랜 기간 스트레스로 세포 수준에 억압되어 있게 된다. 이때 소화, 면역, 호흡, 배설, 혈류, 등 자율계가 순조롭지 못하게 된다.

다른 사람들이 나의 슬픔을, 대수롭지 않게 여길까 봐, 나의 분노로 멀어지거나 상처받을까 봐, 느낌을 감추고, 표현하길 두려워한다. 느낌을 감추고 억누르는 게 낫다고 스스로 말하며, 행복한 몸짓을 하고 즐거운 척하기도 한다. 우울증이라는 진단서를 받을 때까지 말이다.

스트레스에 의한 감정은 영구적인 것은 아니지만 신경 세포의 깊숙한 곳에 기억되어 오래간다. 원숭이의 경우, 어미가 끊임없이 안아주게 했더니 그 새끼가 치유되었다고 한다.

감정은, 자기를 관리하는 데에 있어 중요한 요소이다.

긍정적인 느낌뿐만 아니라, 분노, 공포, 슬픔도 그 자체로는 부정적인 것은 아니다. 분노는 경계하기 위하여, 공포는 자신을 보호하기 위하여, 슬픔은 상실을 감당하기 위해 필요한 것이다.

감정을, 자연적으로 방출하면 나쁜 것이 좋은 것으로 바뀌고, 비로소 고통으로부터 자유로워져서 자유, 희망과 즐거움을 경험하게 된다.

우리는 자신의 느낌을 스스로 책임져야 한다.

다른 사람들이 우리를 기분 좋게 하거나 기분 나쁘게 만들 수 있다는 것은 거짓이다.

의식적으로든 무의식적으로든 우리는 매 순간 자신이 어떻게 느낄지를 선택한다. 바깥세상은, 여러모로 우리의 믿음과 기대를 반영하는 거울일 뿐이다.

우리의 느낌은, 감정의 분자들이 연출하는 화음의 결과이다. 그 결과가 생리의 모든 면에 영향을 미쳐 건강과 행복을 주기도 하고 병과 불행을 주기도 한다.

감정의 근원을 의식해야 한다. 그래서 진정 스트레스 호르몬을 분비하여 몸으로 대처가 필요한 상황 인지를 논리적으로 판단 해봐야 한다. 아마도 현대사회에서는, 심각하게 공포나 분노 등에 몸으로 대처해야 할 상황은 그리 많지 않을 것이다.

설사, 있다 해도 몸으로 대처할 성질의 것이 아니라는 것을 논리적인 사고로 의식하게 되면, 무의식은 아마도 불필요하거나 덜 필요한 스트레스 호르몬의 분비를 억제하거나 이미 분비된 호르몬을 흡수하게 될 것이다.

우울하다고 느낄 때 걸어보라. 불안하고 신경과민이라 느껴질 때 뛰어봐라, 사람의 마음과 느낌은 몸속에 있고, 느낌을 치유하는 곳도 마음과 느낌을 만들어내는 몸속에 있다.

성인병의 80%~90%는 스트레스에서 온다고 한다. 논리적인 사고로 스트레스를 줄일 수 있다. '인간은 자신이 사고하는 방향으로 변하는 존재'라는 것도 이미 알려져 있다.

논리적인 사고로, 상황의 진상을 파악해보면, 예상했던 것 보다 어렵지 않게 감당할 수 있는 거네, 불가피한 거야, 내 탓인 것을, 다음에 잘하면 되는 것, 상대방의 입장에서 보면 이해가 되는 것, 그만하기 다행이다. 이번 사건을 교훈으로 삼아 더 큰 불행을 예방할 수 있게 되었네. 이왕에 엎질러진 물 등등으로 이미 일어나버린 사안을 논리적인 사고로 긍정적으로 받아들이면, 스트레스를 해소할 수 있다.

인간종은 오래전부터 감당하기 힘든 일이나 알 수 없는 일에 관하여 종교에 의존하여 마음을 다스려왔다.

그리고 스트레스를 다스리는 방법으로 명상도 있다.

명상으로 생화학물질들의 건강한 심신의 흐름을 파괴하는

감정들을 해소할 수 있다. 명상에는 초월명상(transcendental meditation), 마음 챙김 명상 등등이 있다.

의식적으로 심호흡을 함으로써, 판단이나 의견 없이 심신의 대화 속으로 들어갈 수 있다. 이때 후뇌로부터 호흡을 조절하는 호르몬이 나와, 죽을 것 같던 공포, 만성통증 등의 느낌이 수그러들면서, 일상 활동을 할 수 있게 된다(존 카밧 진의 '당신은 어디를 가든 거기엔 당신이 있다.' 참고문헌 11 뇌내 혁명 참조).

명상의 효과를 가장 손쉽게 얻는 방법은 이완 음악을 들어보는 거다. 긍정의 말은 정신-신체 네트워크 안으로 들어와 의식에 투영된다.

음악과 긍정의 말을 들을 때, 호흡의 패턴이 깊고 더 느리게 바뀌면서, 이완되는 느낌을 느끼게 된다.

명상의 주요 메커니즘은, 단순히 일정 시간 동안 아무 행위도 하지 않고 현재에 존재하는데 있다. 해야 해, 할 수 있을 거야, 할 거야를 벗어나 그저 존재하는 상태로 마음을 옮기면, 모든 수준에서 자기 조절과 치유가 촉진된다.

스트레스를 줄이기에 효과적인 또 다른 방법은 자기 정직성을 습관화하는 것이다. 정직성은 생화학물질들의 지지를 받는 것 같다.

운동으로, 근육을 키우고 심장을 더 빠르고 더 효과적으로 뛰게 함으로써 혈류를 증가시켜 뇌와 모든 기관을 청소하고 영양을 고루 공급하게 되면 엔도르핀이 반출되어 기분이 좋아지기도 한다.

건강하게 오래 사는 사람들이 많아지면, 자연 자아실현 욕구를 충족하기 위하여 노력하는 사람의 비율도 더 많이 늘어나게 될 것이다.

로마 시대에는 평균수명이 20세였다고 하는데 그렇다면 2십대 중반이 되어야 완성되는 판단-기획을 하는 전두엽은 완성되지도 못한 채 저세상으로 떠나 버린 셈이다

인간종의 수명이 길어질수록 성숙된 뇌를 활용하는 기간이 길어져, 고차원적인 의식의 가치를 충족하는 성숙한 삶을 살아가는 사람의 비율이 높아지게 될 것이다.

6부

우리 시대를 이끈 가치관

1. 우리 시대를 이끈 가치관

자원도, 기술도, 자본도, 식량도 없는 극심한 빈곤 속에서 신음하고 있던 우리가, 인류 역사상 초유의 기적적인 경제적인 성장을 이룩하게 된 것은 오직 성실, 근면, 인내라는 가치를 내재적으로 가지고 있던 인적자원을 활용할 수 있는 '수출산업화'라는 그 시대 상황에 적합한 논리적인 가치를 거국적으로 추구한 데서 비롯된 것이다. 이 시대를 이끈 표본 중의 하나로 나의 삶을 회고해 보았다.

나는, 어려서 성실, 근면, 인내의 가치관을 심어주신 아버지의 교훈과 당시의 학교 교육, 그리고 형제간에 다투면 둘이 똑같아서 싸우는 거라고 억울하게 야단맞고, 지는 놈이 이기는 거라고 하시는 등 어머니의 위로 아닌 위로의 말씀이 납득되지는 않았으나 따를 수밖에 없었던 가정교육에 의하여, 성실을 바탕으로 하고 다툼보다 협력의 가치를 지향하게 되는 등의 무의식적으로 형성된 가치관과, 농경사회에서의 극심한 가난과 직장을 구하기가 힘든 환경에 지하자원조차 빈약하여 생존 자체가 어려웠던 여건하에서 우리 시대를 이끈 '수출산업화'를 생존의 가치로 여긴 의식적으로 형성한 가치관을 가지고 살아왔다.

8·15해방과 이어지는 6·25사변으로 집안의 재산을 거의 다 잃게 되어, 생존까지 위협을 받게 된 상황에서도, 넉넉지도 않은 손 위 누님들과 형님들의 희생적인 도움으로, 대학교육까지 받을 수 있게 된 고마움에 열심히 하다 보니 즐거움까지 느끼며 공부하게 되었다.

취직 후 직장은 나에게 '의' '식' '주'의 문제를 해결해 주고 일을 통하여 배우고 주어진 일에 창의력을 발휘하며, 보람과 행복을 느낄수 있게 해주는 고마운 곳이었다. 이런 기회를 가져다주는 은혜로운 삶의 터전이 있었기에, 가는 곳마다 더 열심히, 더 성실하게 주어진 일을 충실히 수행하면서, 직장의 고마움에 보답하는 보람과 기쁨을 느끼며 살았다.

첫 직장인, 국립 지질광물연구소에서 광물 분석 업무에 종사하던 중, 1962년 태백산지구 지하자원 조사단이 조직되어 석회석 광산개발을 위한 광상을 탐사하는데, 있어 채취한 석회석 시료를 현장분석으로 품질을 알아내는 것이 필수적인데, 미국 지질조사소를 통하여 분석방법을 구해 왔지만 그걸 실행할 사람이 없어, 돌고 돌다 경력 1년 차인 나한테까지 돌아왔다.

화학실험의 문제라면 누구보다도 겁 없는 자신감에 차 있던 때였다. 이러한 자신감은 아마도 한만운 선생님과 김시중 선생님께서 열성적으로 가르쳐 주시고, 평가해주시고, 특대생(화학과 1~4년 학년, 전체에서 1등)이라는 상까지 받은 데서 나온 것일 게다.

새롭고 희귀한 시약과 분석 장비를 어렵게 구입하고 완충액(buffer solution)도 만들어 여러 차례의 검증 실험을 거처 완성한 분석방법을, 삼척, 철암, 영월 등 삼 개 지역에 파견될 선배님들을 훈련시켜 현지에서 분석하도록 파견하고, 파견 팀에 완충액을 공급하는 등의 사후관리를 함으로써, 석회석 광물 자원의 현지 조사를 성공적으로 마칠 수 있게 되었다. 그리고 그 조사결과는 시멘트공장들을 적소에 건설하여 기하급수적으로 늘어나는 시멘트 수요를 충족시키는데 기여했다.

경남 포항의 영일 지역에서, 천연가스와 석유가 발견되었다고 한국일보가 지하에서 채취된 가연성가스의 연소 실험 사진과 함께 연일 크게 보도하여 세상을 떠들썩하게 하고 있을 때는, 현지에 전문가를 보내 확인하라는 박정희 대통령의 지시에 따라, 지질 과장과 지질학 전문직원 그리고 화학 전문직원으로 내가 한 팀이 되어 현장에 파견되었다.

천연가스가 분출되고 유증까지 보인다며 그 사실을 입증하는 실험 과정을 보여주겠다는 현장에 도착해보니, 이 과정을 취재하기 위하여 서울 본사에서 내려온 동아일보, 한국일보 등의 10여 명의 기자가 대기하고 있었다.

그들과 같이, 현장에서 직접 채취하는 과정과 채취한 가스의 연소 실험을 관찰한 다음, 천연가스 대신에 공기를 바꾸어 넣고 실험하는 소위 공실험(blank test)을 실시하여 공기도 천연가스와 같이 촛불의 불꽃을 밀어 뒤에 세워놓은 신문지를 태운다는 것을 보여, 그들이 채취한 가스는 천연가스가 아니라는 것을 확인해주었다.

그리고 지하에서 퍼내는 물 위에 떠있는 유징(기름 흔적)도, 물을 퍼내는 굵은 쇠줄에 묻어있는 기름일 가능성을, 기름의 물리 화학적인 특성 즉 기름이 물 위에 떠있게 될 경우 기름은 얇은 단일분자 막 층의 필름 상태로 퍼져 있게 되는 성질이 있어 극소량의 기름이라도 많은 양의 기름이 떠있는 것처럼 보이게 된다는 사실을 설명해주었다.

지질학자들의 의견도, 석유는 유공충이 많이 살았던 '지질연대표상 신생대 제3기(그림 10 참조)'의 지질층이 두껍게 발달되어 있어야 하는데, 영일 지역은 그 층이 얇아 희망이 없어 보인다고 했다.

이상의 결과를 보고받은 청와대에서 파견된 비서관은 낙담한 표정을 지으며 되돌아갔다.

지질연구소 생활은 보람이 있었다. 비록 월급은 쌀 한 가마니(80kg) 값 조금 넘는 박봉이었지만 김동식 과장께서 별도의 연구실도 마련하여 주는 등 주변 동료들의 질시를 받을 정도로 연구에 필요한 것들을 지원해 주셨다.

그 덕에 미량분석기술을 바탕으로 광상(ore deposit)을 탐사하는 지화학적인 방법도 개발하였다.

당시 우리나라 대표적인 수출 광물이 매장된 강원도 상동의 중석 광산과 연화의 동-아연광산의 매장량이 한계에 달해 있어, 이에 희망을 품고 지화학적 탐사 방법(지표의 흙에 포함된 미량의 광물성분을 분석하여 광상을 탐사하는 방법)으로 기존 광산의 주변을 탐사해보았으나, 새로운 광상을 찾아내지 못했을 때가, 가장 힘들었던 때였다.

어려서부터 우리나라는 지하자원도 풍부한 나라라는 말을 많이 들었던 선입견에, 석회석 말고는 광물도, 석유도, 없는 나라라는 사실에 실망한 데다. 이제 이곳에서 더 이상 도전해 볼 만한 새로운 일이 없다고 생각되었기 때문이다.

게다가 광상을 지화학적으로 탐사하는 방법에, 일말의 희망을 걸고 지원해 주었던 직장과 직장동료분들에게 면목이 없어 연구실에 앉아 있기조차 민망했었다.

1966년 초 때맞추어 상공부 내의 5배수 내부 경쟁 승진시험(4급 갑에서 3급 을로 승진)이 있어 턱걸이로 응시 자격을 얻고, 시험에 합격하여 5년간 근무했던 지질광물연구소를 떠나게 되었다.

두 번째 직장은, 상공부 특허국의 심사관이었다.

당시 특허제품은 정부 기관에 수의계약으로 납품할 수 있도록 되어 있었기 때문에 수의계약을 목표로 하는 특허출원이 더러 있었고, 그로 인해 분쟁을 일으키는 사건이 더러는 있었다.

심사 3국 백형배 국장께서는 분쟁의 여지가 있는 화학 사건을 나에게 맡겨 처리토록 하였고, 일본 특허청에 6개월간 연수도 보내주셨다. 학연, 지연 등 걸리는 인연이 하나도 없는 초면이었는데도 말이다.

심사관으로 3년이 지난 다음 상공부 화학공업국 유기화학과 고무 계장으로 전직 발령을 받았을 때, 처음으로 서투른 공무원 생활을 시작하게 된 셈이었다.

업무도 주변 사람도 낯선 공무원 생활은 물에 기름이 떠있는 것처럼 적응이 되지 않아 심사관 생활로 돌아가야 하나 하는 생각을 하고 있던 차에, 뜻하지 않게 김주하 과장께서, 최고의 근무평점에 훈장까지 추천했다는 것을 우연히 알게 되어 마음을 돌렸다.

고무공업, 피혁공업, 유기약품공업 등의 육성이 고무계의 소관 업무인데, 고무장화, 운동화, 야구 장갑 등이 미국에 수출되기 시작하고 있던 시기였다. 미국 수출시장을 알아보기 위하여 자료를 수집하던 중 한국무역진흥공사 도서실에서, 품목별 미국수출입 통계를 실은 책을 찾아 살펴본바, 일본에서 수입하던 고무, 피혁 제품이 조금씩 대만과 우리나라로 넘어오는 단계라는 것을 알았다.

이 사실을 근거로 하여 고무(피혁) 제품의 수출계획(안)을 만들어, 피혁 수출업계가 요구하는 지나친 수출 지원책, 즉, 원피 수입권을 수출실적에 연계시켜 달라는 것은 피혁 업계 전체를 보면 지나친 것이었지만 당시 수출 제일이라는 분위기에서 거절하기도 힘들었던 요구를 어렵게 거절하고도 수출목표를 연이어 초과 달성한 적도 있었다.

우리나라의 대표적인 타이어 제조회사이던 흥아 타이어회사가 200만 불도 채 못 되는 시설을 도입하고 운영자금 부족으로 부도가 나 사장은 집까지 빼앗기고 망했을 때, 미국의 유니로얄 타이어회사와 동해실업이라는 퇴역 장성들이 만든 회사가 합작하여 타이어공장을 건설하겠다는 외자도입 허가신청서가 기획원을 통하여 접수되었다. 그 당시 우리나라의 안보 상태는 매우 위급하여 미국에서 1억 불의 투자받으면 미군 1개 사단이 주둔하는 효과가 있다고 하던 때였다(김영환 차관의 말씀).

국내 타이어 산업이 망하게 된다는 이유를 들어 거절하자 수출전용공장을 건설하겠다고 했다. 수출시장을 조사하여 수출 가능성이 없는 사업계획이란 것을 자료를 모아 관계기관을 설득하는 데에도 적지 않은 어려움이 있었다.

마침 청와대에서 김영환 비서관이 상공부 차관으로 부임했을 때다. 안타깝지만 하는 수 없지, 라고 하면서 결재서류에 서명해 주었다.

며칠 후 이낙선 장관께서 호출이 있어 가 보니, 삼양타이어 박인천 사장의 진정서를 보여주며 유니로얄과의 합작사업은, 이미 불허하는 것으로 통보 나간 것 아니냐고 했다. '네'라고 대답했더니, 박인천 사장에게 전화하여 '기분 나쁘다'라고 전하라, 고 비서관에게 지시하는 말을 들으며 장관실에서 나온 적도 있었다.

당시 타이어 업계는 영세한 데다가 생존하기도 어려운 형편이라 외부에서 일어나는 일에 관심을 둘 여유조차 없어, 상황이 다 끝난 다음에야 진정서를 써내게 되었을 것으로 보여진다.

김주하 과장의 좋은 근무 평가로 1973년 동료 중 가장 먼저 과장으로 승진하여 특허국 항고심 판관이 되고, 거기에서 중화학공업 추진위원회 기획단에 파견되어 진해화학 이옥석 공장장의 지원을 받아 일곱 번째 비료공장(1~6번째 규모를 더한 정도의 대규모)인 지금의 '남해화학' 공장 건설계획을 확정하였다.

1976년 2월에 석유화학과 과장으로 발령받고 부임해보니, 울산에서 생산되는 석유화학 제품의 양이 수요에 크게 미치지 못한 상황이었다. 대책으로 여천석유화학공단 건설이 계획되어 있었으나 이제 겨우 착공식을 준비하는 단계였다.

소위 농업용 비닐하우스 제조용 필름의 원료인 폴리에틸렌이 한양화학에서 톤당 5만 원에 실수요자에게만 배급형식으로 판매하고 있는데, 방산시장에서는 25만 원에 암거래가 이루어지고 있었다.

당시 1973년도 석유파동으로 석유값이 급등하여 석유를 원료로 하는 화학제품의 국제 가격은 크게 상승한 반면, 국내 화학제품의 가격이 상대적으로 저렴한 데다가 당시 외환 사정이 어려워 수입하는데, 따른 부대비용이 높았던 시기였기 때문이다.

한양화학에서는 카이스트에서 조사한 가공시설능력을 기준으로 산정된 수량을 허가받은 가공업체에만 판매 중이었고, 가공 시설은 이미 초과잉 시설상태가 되어있어 새로운 시설 허가는 중지되어 있었다. 이러한 상황은 여천 석유화학 단지가 완공되는 시기까지 속수무책으로 기다릴 수밖에 없는 상황이었다.

농업용 필수품이 국내 공급이 부족한 경우 수입하는 방법뿐이라는 생각에서 조사한바, 국제시세에 수입비용을 포함한 수입원가(톤당 10만 원)에 수입한 업체에 수입한 수량만큼, 국내 생산품을 살 수 있도록 하면 해결되겠다는 계산이 나왔다. 결재과정에서 유각종 차관보의 가공 시설 과잉 문제에 대한 질문에, 장치산업이 아닌, 감가상각비의 비중이 아주 작은 단순가공 산업이어서 문제 될 게 없다는 답변을 듣고, 장관 결재를 받아주어 경제기획원과 총리실과의 실무적 협의를 거쳐 합성수지가공업 등록 허가 규제를 폐지하고, 한양화학에 판매 방침을 시달하여 어려운 문제 하나를 풀었다.

세 번째 직장은, 박봉의 공무원 생활 그러나 보람을 느끼고 살았던 공무원 생활을 마치고, 1978년 카프로락탐(나일론 제조원료) 제조공장 건설허가를 받은, 현대양행의 화공사업부에 입사함으로써 낯선 민간회사 생활이 시작되었다.

카프로락탐 사업은 수입대체사업으로 여천 석유화학단지 내에 계획된 계열사업 중 하나였는데, 그동안 한국 카프로(주)의 대주주사인 동양나일론의 조석래 회장의 반대로 사업이 지연되고 있었다.

당시 현대양행은 계속되는 사업의 확장으로 매년 2배씩 늘어나는 직원을 충당하기 위하여 임금 수준이 국내에서 제일 높았다. 공무원 과장 5년 차 월급이 10만 원이고, 당시 최소 생활비는 20만 원 정도였는데 월평균 75만 원의 급료에, 기사에 비서까지, 특급대우를 받았다.

별천지에 온 기분이었다. 일, 일하는 방식, 낯선 사람들, 분위기 등등 한 번도 상상조차 못 했던 새로운 경험의 시작이었다.

공장의 기본설계는 네덜란드의 DSM사에서, 상세 설계는 미국의 데이비 메기 사에 발주했고, 건설공사는 자회사인 한라건설과 계약되어 여천 석유화학단지 내에 공장부지 정지공사도 마쳤다. 제작 기일이 오래 걸리는 장치가 설계되고 발주되어 한참 제작 중일 때, 과잉투자의 문제를 해결한다는 명목으로 발표된 중화학공업 투자 조정조치(1980 2월)에 따라, 현대양행의 창원 공장 건설사업과 이미 수주하여 제작-건설 중인 원자력발전소 건설사업이 현대 중공업으로 이관되고 있었다.

그 와중에 박정희 대통령이 시해당하고, 전두환 정권이 들어서게 되자,

현대그룹으로 넘어갔던 창원공장과 발전소 건설사업은 현대양행으로 환원하여, 대우그룹에서 운영하게 되고, 2,000억 원의 산업-외환은행에서 자본금을 증자하는 방식으로 자금을 지원하라는 중화학공업 투자 조정조치에 따라, 국영은행이 대주주인 공영기업이 됨에 따라 대우그룹도 물러나게 되어, 한국중공업으로 운영되다가 두산그룹에 매각되어 지금의 두산중공업이 되었다.

나중에 정인영 사장과의 정산과 현대그룹과의 정산을 책임 맡아 수행하는 과정에서 안 일이지만, 사건의 발단은 박 대통령이 현대양행 창원공장을 격려차 방문했을 때 100억 원 정도의 자금 지원을 요청한 것이 발단이 되어 언론, 정부, 학계, 업계 등에서 현대양행을 대표적인 과잉투자회사로 매도했다.

현대양행은 자본금 200억 원, 창원공장 시설비 외자 2억 4백만 불, 당시 공장 건설에 내외자의 비율 1대 1로 본다면 창원공장 투자비는 4억 불의 공장에 불과하다.

아무리 당시의 경제 규모로 축소해 생각해 봐도, 과잉투자회사라고 하기에는 너무 적은 투자 금액임을 알았다.

당시 현대양행의 꿈은 공장을 만드는 공장을 건설하는 것이었고, 이는 오원철 경제수석을 비롯한 수출산업계의 꿈이기도 했다. 그리고 그 꿈은 한참 무르익어 가는 참이었다.

이미 사우디아라비아의 지잔에 시멘트공장을 턴키 방식(설계에서부터 시 운전까지 일괄 건설하는 계약)으로 수주하여 준공한 바 있고, 말레이시아 페락주에 시멘트공장 건설공사가 진행 중이었으며, 국내에서도 원자력발전소를 건설공사가 진행 중이었다. 당시 현대양행은 국내 발전 건설공사를 독점적으로 시행하도록 되어 있었다.

게다가 대표적인 화학공장이라 할 수 있는 카프로락탐공장의 완공도 눈앞에 두고 있었다.

이러한 플랜트(공장) 건설실적을 바탕으로, 정인영 사장의 지휘하에 전 세계를 누비며 공장 건설 수주를 목표로 하는 전담팀들의 노력으로 고객들의 엄격한 실사를 거쳐 입찰자격을 획득한 건수도 제법 있었던 상황이었다.

100억 원 정도의 부족 자금 대출 지원 요청에 과잉투자라는 멍에를 씌워 망쳐 놓고 2,000억 원을 지원하고도 원상회복이 어려운 상황으로 만든 것은, 한심한 당시 대한민국의 무지했던 일면을 보여주는 사건이었다.

나는 기업에 와서 얼마나 많은 위대한 기업인이 있는지를 확인하게 되었다. 상공부 고무 계장 시절에 흥아타이어(주)가 자기 힘에 겨운 시설개선 투자로 망하고, 충북질소(주)가 시대의 기술 흐름에 어두워 망하는 것을 보고도, 살릴 길이 없어 안타까웠던 데다가, 정인영 사장 같이 일하는 즐거움밖에 모르는 기업인이 무지한 여론에 의하여 과잉 투자자, 과잉 투자 기업인으로 매도되면서 현대양행이 분해되고, 그로 인해 발생한 손실을 충당하기 위하여 막대한 나라 자금을 퍼붓는 어리석은 일들을 저지르는 것을 보고, 단순했던 농경사회에서는 상상조차 하기 힘든 차원 높은 산업사회로 진입하는 과정(산업혁명)에서 오는 불가피하게 겪어야 하는 사회적인 피해였다. 고 자위했다.

영세한 농업인들은 배가 고플 뿐, 망하는 일은 거의 없으나, 기업을 망하게 할 수 있는 요인은 100여 가지나 된다. 기업인은 한시라도 긴장을 풀 수가 없다. 심지어 시설 개체 시기의 판단, 새 공법이 개발되는 경쟁국과 경쟁사를 포함 대세의 흐름 파악에 소홀함, 게다가 대중의 무지 같은 통상 예상하기 어려운 요인들에 의해서도 망하게 되는 게 기업인데, 그런 기업에 전 재산을 쏟아붓고 마치 지뢰밭을 걸어가듯 하루도 마음 편할 날 없이 위험한 모험이 연속되는 기업인의 삶은, 문자 그대로 모험의 연속이었다.

적당한 선에서 자기 돈을 뽑아 은행에만 넣어도 그 이자로 생을 즐기며 살 수 있을 텐데 말이다.

전 재산을 걸고 모험의 삶을 즐기며 평생을 살아가는, '기업인의 정신'을 가진 위대한 기업인들이 있었기에 우리가 그 혜택을 받아 우리의 삶을 영위해 왔던 것이다.

그들이 만든 기업에 취직하고, 그들이 만들어내는 제품을 쓰고, 그들로 인해 증가되는 세수로 도로, 항만, 교육, 전기, 수도, 교통 등의 시설과 복지를 증대하고, 그들이 벌어들이는 외화로 식량, 석탄, 석유, 원자재 등등 모자라는 생필 자원을 수입하여 풍요로운 생활을 하게 된 것 아니었던가? 그들은 '황금알을 낳아주는 거위'이다.

나는 기업은 전문 기업 경영인이 경영해야 되는 것으로 책에서 배워-알고 살아왔다. 하나, 리스크 도 많고 게다가 경쟁에서 뒤지면 바로 망하게 되는 민간기업에 해당되는 말은 아니다.

전문 경영인은 별다른 책임이 없다. 안되면 그저 물러나면 그만이니까. 공기업의 사장처럼 말이다.

정인영 사장은 일 년의 반은 해외에서 활동했는데 조금만 여유가 있으면 경쟁사의 공장을 견학하고 새로운 시설을 보면 몰래 발걸음으로 크기를 측정하여 시설의 값을 추정했다고 한다. 국내에 있을 때는 아침저녁으로 하루에 두 차례 외국과 교신하는 텔렉스(telex)를 빠짐없이 보고 지시한다.

휴일에는 새벽에 강원도 옥계 시멘트공장 등 현지 사업장으로 떠나는데, 차 안에서 국제적으로 유명한 경제학자가 강의한 녹음테이프를 듣다가, 어느새 옥계에 도착하면 날이 훤히 밝아졌다고 했다.

언젠가 신년인사를 한다고, 압구정동 자택에 중역들이 모두 모인 적이 있었는데 넓은 응접실 벽에 명화가 빙 둘러 걸려 있었다.

호기심을 가지고 자세히 보니, 한독약품에서 만든 명화 달력을 오려 액자로 만든 것들이었다.

마침 TV에서 펄시스터즈의 노래가 방영되고 있었는데 '사람이 가끔은 저런 노래도 듣고 살아야 하는 거지'라고 했다.

당시 정인영 사장은, 일과 공부에 미친 사람으로 보였고, 중역들도 노는 날이나 퇴근 시간을 기억 못 하고 사는 사람이 대부분이었다.

현대그룹에서부터 같이 일해본 분들의 말로는, 현대그룹의 해외사장으로 재직할 때 중동시장 개척 등의 업적으로 오늘날의 현대가 있게 된 것이라고 했다. 나는 현대양행에 가서, 비록 카프로 락탐공장 건설은 중도에서 포기했지만 많은 것들을 배웠다. 그중에서도, 공장이 계획되는 과정에서부터 자금조달, 입지 선정, 제품의 수요, 건설비, 원료 조달, 용수, 항만, 도로, 원가계산, 수익성 등을 검토하는 방법에서부터, 기본설계, 상세 설계, 스케줄 작성, 건설, 시 운전과 공정의 주요 단계마다 감리하는 과정 그리고 이들을 모두 총괄 추진하는 PM(Projct Manager)의 역할도 배웠다.

김우중의 대우가 물러나고 공영체제가 되고, 선발대로 기계공업 분야에서 실무경험이 많은 김종주 부사장이 취임하면서, 임시로 기획업무를 맡아 새로운 사업계획을 작성했다. 당시 세계은행에서 6천만 불의 차관을 얻었는데 차관 재개를 위한 새 사업계획이 시급했기 때문이었다.

이어 사장으로 부임한 김영준 사장은 농림부 장관, 한전 사장, 동신화학 사장 등을 역임하신 전문 경영인이었으나, 당시 대부분 국민이 그랬던 것처럼 현대양행은 과잉 투자사라는 개념을 확실하게 가지고 있던 분이셨다. 취임 후 카프로락탐 사업도 과잉 투자라 생각에 주무부서인 상공부의 사업 재개 권유에도 불구하고 회사에 출근도 하기 전에 아무런 검토 없이 서둘러 사업 포기부터 선언해버렸다.

깜짝 놀라, 카프로락탐 공장 건설 사업에 관해 보고를 드리니, 실수를 인정하시고, 가서 사업 재개를 허락해 달라고 해보라고 하여 상공부 담당 국장에게 말했더니, 자기들(당시 서석준 장관 포함)이 그렇게 권유했는데도 관련 업계와의 공식적인 회의에서 포기해놓고 이제 와서 다시 하겠다고? 다른 회사 소개 중이니 그런 회사 그만둘 차비나 하라기에 더 이상 말해야 소용없다고 판단하고 돌아섰다.

이어지는 박정기 사장 시기에는, 정인영 사장과의 정산업무를 맡아 자료조사에 착수했다. 기록 보관에 무관심한 현대그룹이라는 것을 말해주는 듯, 기본이 되는 자료조차 찾을 길이 없었다. 하는 수 없이 상공부 산업기계 과장의 캐비닛까지 뒤져 모은 자료를 근거로 하여 침체 상태가 지속되던 정산 문제를 상생의 차원에서 해결했다.

그다음 성낙정 사장이 부임하자, 현대그룹에서 자기네들과 정산을 하자면서 한라건설은 자기네 것이니 넘겨달라는 요지의 정산 요청서가 보내져 왔다.

여러 가지 이유와 근거를 들었지만, 요점은 정인영 사장의 현대양행이 자회사인 한라건설사를 취득한 거래는 '이사와 회사와의 거래이나 이사회의 의결이 없었으므로 무효'라는 요지였다.

변호사의 자문을 들어 이사회의 의결을 거쳐야 한다는 입법 취지는 주주의 이익을 보호하기 위한 것이고 당시 주주는 정인영 사장뿐이었으므로, 입법 취지상 위법이 아니라는 이유와 당시의 사실관계, 이사회 운영 관례, 도덕성까지를 든 20여 쪽의 정주영 회장님께 드리는 글을 기안해서 발송했더니 그 후 잠잠해졌다.

그다음 안병화 사장이 부임하였을 때에, 상공부 기계 국장에게서 한라건설 문제를 설명하라는 연락이 왔다기에, 전에 정주영 회장님에게 보낸 글을 보여주었더니, 잘 정리되었다고 흡족해하며, 당시 나웅배 장관에게 보고하여 잘 종결되었다는 말을 들었다.

한편, 사우디 아실의 해수담수화 사업, 인도의 해양석유채굴시설, 인도네시아 바리파판의 저장 탱크, 국내 석유공사의 대형 답 구조물 등을 수주하고 제작하여 완공하는 산업설비 사업부에서 열심히 배우고 때로는 배운 것, 예를 들면 PM의 역할과 원가계산에서의 고정비의 의미 등에 대하여는 자료를 만들어 후배 PM들을 가르치기도 했다.

입사 이후 12년 1개월간은, 파란만장한 경험과 배움의 연속이었는데 그 와중에 이사에서 상무이사로 승진하기도 하였다.

마지막 직장은, 특허법인 원전에서의 변리사 생활이었는데, 평생의 직장생활 중에서 가장 마음 편한 생활이었다.

우선 잘 아는 일이어서 편한 데다가 그동안, 가는 데마다 모르는 사람뿐이었는데 이제 아는 사람뿐인 데를 찾아온 셈이었다.

거의 모두가 잘해주려는 마음을 가진 상공부와 특허청의 선후배 동료들 틈에 둘러싸여 있는 기분이 부담스럽기까지 느껴지는 경우도 간간이 있었다.

대리인으로서, 의뢰인이 찾아내지 못한 이유를 찾아 써넣어 주면 그다음에는 알아서 써달라고 말하는 외국의 고객이 많았다. 사실을 바탕으로 논리적으로 전개해 보면 판결 결과도 어느 정도 예측이 되고 실제로 그리되는 경우가 많았다.

한데 특허법원이 생기고, 특허청에도 새로운 사람들로 바뀌면서 사정이 나빠지기 시작했다.

특허법원이 발족한 초기 준비절차에 나가보면 판사들이 열심히 내용 파악하려는 열성을 보여주었는데, 세월이 지나면서 건성으로 넘어가는 경우가 많아지고 선입관을 가지고 속단하는 경우도 적지 않았다. 가장 어려웠던 것은 준비서면을 작성함에 있어 판사가 무엇을 몰라하는지 알 수 없었던 거였다.

그도 그럴 것이 일반 사건 재판을 하던 판사를, 명색이 첨단기술이라는 특허를 기본 실력 없이 명세서와 준비서면만 가지고 기술 내용조차 파악하기가 쉽지 않았을 것이다.

일본이 우리와 비슷한 제도인데 일본은 한번 특허 판사가 되면 그 자리를 평생 지킨다. 일본 특허청 연수 중 화학 사건의 재판이 있어 참관한 적이 있는데, 복잡한 화학식을 거침없이 칠판 위에 써가면서 설명하기에, 전공을 물었더니 화학 관련 심판을 하다 보니 화학자가 다 되었다고 했다.

우리나라 특허법원 판사는 1년에 한 번씩 인사이동이 있어 전문화가 될 수 없다. 대리인으로서 정성 들여 쓸 필요가 없어진 거다. 판결문을 읽어보면 한심하다. 대법원에 상고해보아도 기각 이유는 단 한 줄 기각한다는 거다. 왜라는 이유도 없이.

이런 일을 몇 번 겪고 나면 일할 의욕도 없어지고, 의뢰인 보기도 민망했다.

변리사의 실무에서 일단 물러났다. 그리고 여러 가지 생각을 해보았다.

그동안 내 주변에서 내가 본 정치인, 법조인, 언론인, 기업인, 선생님, 직장의 상사, 동료, 후배들은 적어도 잘 몰라서, 처음 해보는 일이어서, 잘못하는 경우는 있어도 직장에서 자기에게 주어진 일에 대하여 열정적으로 최선의 노력을 경주해야 한다는 가치관을 가지고 사는 성실한 모습을 보여주었다.

지난 반만년 동안 긴 굶주림의 역사의 끝자락이었던 1960년, 국민소득이 80불에도 미치지 못했다. 당시 부잣집은 쌀밥을 먹고 사는 집이었다. 그 기준으로 보면 지금 국민소득이 3만 불이 넘는 우리 경제 수준에서 쌀밥을 못 먹어 부자가 못된 집은 없다. 잘살게 되면 응당 우리 사회도 더 수준 높은 공동체가 되는 것으로 생각했는데 오히려 퇴화하고 있지 않나?

왜 우리는 갑자기 모두가 부자가 되었을까. 여러 요인이 복합한 데서 비롯된 것이지만 그중 가장 중요한 요인은 우리세 대를 이끈 가치관에서 비롯된 것이다.

대부분 국민은 자기에게 주어진 직업을 천직이라 생각하고 자기에게 주어진 업무를 수행함에 있어, 주어진 권한은 오직 책임과 의무를 최선의 방법으로 수행하는데 사용하는 것이, 가장 가치 있는 삶이라는 가치관을 가지고 살아온 데서 비롯된 것으로 생각한다.

한데, 자신에게 주어진 업무를 소홀히 하는 사람들이 많아지고 있다. 의, 식, 주가 해결되고 어느 정도의 사치까지 하고 살게 되었는데도 '돈 많이 버세요.'라는 인사가 언론이 주도하여 유행어가 된 적도 있다. 마치 사람이 돈 벌기 위하여 태어난 것처럼 말이다.

은혜를 모르는 미숙아도 증가하고, 은혜를 원수로 갚으려는 듯, 자신들을 부자로 만들어준 은인들을 마치 원수인 것처럼 비난한다. 꼰대라는 프레임을 씌우기도 한다.

우리를 부자로 만들어준 것은 우리 시대가 성실, 근면, 인내의 가치관을 바탕으로 하여 '수출산업화'라는 가치관을 가지고 살았고, 이에 따라 기업들이 수출산업화의 최전선에 서서 외화를 벌어와 식량, 원유 등의 원재료를 수입할 수 있게 되어 나라 전체가 점차 풍요를 누리며 살게 된 것인데 그 정도도 모르는 미숙한 사람이 적지 않다.

만일 기업들이 경영에 조금이라도 소홀하게 되어 국제적인 경쟁력을 상실하게 된다면 기업은 망하게 될 수밖에 없고 그리되면 그동안 우리가 누리던 풍요는 모두 사라져 이전 상태로 추락하게 될 것이라는 논리적인 생각도 해보지 못하는 수준 미달인 미숙아들이 엄청 늘어난 것이다.

더 충격적인 것은, 이상에서 와 같은 미숙한 행위가 내게 대단히 훌륭한 직업인으로 보였던 지식인, 정치인, 언론인, 심지어 법조인들에까지 감염시키는 유행병처럼 번져 나가고 있다는 걸 명백히 보여주고 있는 것이 현실이다.

혹시, 내가 가치 있다고 생각하고 산 나의 삶과 우리 세대를 이끈 가치관을 가지고 열심히 일하며 살던 분들의 삶이 잘못된 것은 아니었는지 의심하게 되어, 공부를 시작했다.

그러나 그건 아니었다.

우리의 긴 빈곤의 역사 속에서 처음으로 겪어 보는 낯선 풍요에 적응하기 위한 과정에서 일어날 수도 있는 국지적으로 잠시 퇴행하는 현상일 뿐이라는 생각이 들었다.

그래서 이러한 내 생각을, 뒷받침하는 근거를 논리적으로 설명할 수 있는 자료를 찾아 나서게 되었다.

제일 먼저 성경과 성경 해설을 읽었다. 그다음 철학, 심리학, 뇌와 뇌 기능에 관한 서적, 인류에 관한 서적, 역사학, 우주에 관한 서적 등등으로 확대하다 보니, '인간종의 본질'이 보였다.

현재까지 학자들이 알아낸 사실을 근거로, 우리가 있게 된 유래와 살아온 역사를 바탕으로 미래를 예측하고, 현재의 우리는 어떻게 살아야 하는지를 내 나름대로 이해한 '인간종의 본질'에 관련된 지식을 모아 책으로 엮었다.

우주의 탄생에서부터 생명체가 만들어질 수 있는 물질의 탄생, 이들 물질로부터 생명체가 탄생하고 생존할 수 있는 여건을 구비한 지구의 탄생, 지구에서 물질로부터 동물로 진화할 수 있는 생명체의 탄생, 동물로부터 인간종으로 진화할 수 있는 동물의 탄생 그리고 생명체와 동물의 본질에 추가적으로 고차원적인 의식으로 사회적인 동물이라고 하는 인간종이 탄생하기까지의 과정과 이 과정들을 통하여 인간종이 얻은 무한한 잠재능력과 이 능력을 실현시켜 감에 있어, 인간종에게 주어진 가치를 추구하며 살아갈 수 있도록 기능하는 뇌를 인간종에게 주어 인간종으로 하여금 점진적으로 발전하면서 살아가도록 한 것을 생각해 보면, 자연에서 일어난 우연한 자연현상 들이었다고 생각하기보다는 누군가 창조주라고 말할 수 있는 주체의 의도적인 그 무엇이 있어 보이기도 한다.

인간종의 본질은, 자연을 다스리는 자연법칙에 의하여 태어난 인간종은 응당 그 법칙에 의하여 주어지는 가치를 추구하며 살도록 되어있을 수밖에 없는 것이다.

우리나라의 경우, 당시 '우리 세대를 이끈 가치관'은 자연법칙에 따라 주어진 가치관과 일치한다. 그래서 기적이라고 부를 만한 성과를 거두게 된 것은 당연한 결과였다. 그렇다면 작금의 병적인 가치를 추구하는 행위들은 퇴행하기 위해서일까? 아니다. 일시적으로 나타나는 과도기적인 현상에 불과한 것이라는 해석된다.

이는 소위 M-Z세대에서 희망을 보여주고 있기 때문이다. 그들은 룰(rule) 가치가 소중함을 본질적으로 알고 있는 것 같다. 아마도 자유롭게 자신의 고유한 잠재능력을 발휘할 수 있게 하는 지혜와 용기 그리고 모험이 요구되는 경기(게임)에서 룰(rule) 가치의 중요성을 재삼 확인했을 것이다.

룰은, 작금의 병적인 가치를 훌쩍 건너뛰는 시의적절한 새로운 도약을 가능케 하는, 희망찬 미래를 열 수 있는 고차원적인 의식의 가치이다. 할아버지 세대에서 만들어준 생존 가치의 풍요 속에서, 일종의 경기라 할 수 있는 게임(game)을 즐기는 동안 모든 경기에서 경기 법칙이라 할 수 있는 룰(고차원적 의식의 가치 중 윤리)로 표현되는 윤리와 자유의 가치가 무의식적으로 그들의 가치체계에 확실하게 정착하게 되었을 것이다.

자연법칙에 의해 주어진 인간종의 뇌의 구조와 기능은, 생존을 위한 가치와 사회적인 동물로서 자유롭고 윤리적인 협력으로 생존의 가치를 스스로 충족할 수 있도록 자유와 윤리 등의 가치를 바탕으로 하는 고차원적 의식의 가치를 추구하며 살도록 설계되어 태어났고, 그 가치를 달성하기 위한 수단으로 고차원적인 의식에 의하여 논리적인 사고능력까지 주어진 것이다.

인간종은 논리적인 사고능력을 활용하여, 자연과 자연법칙을 알아내고 그를 이용하여 스스로 점차 풍요를 누리게 되어왔다. 그리고 그 과정에서 불가피하게 발생하게 되는, 인간종 간에 자멸적인 투쟁이나 다툼에서 벗어나 서로 협력 상생하는 것이 자신들에게 더 이롭게 된다는 것을 알 수 있게 되었다.

그러므로, 인간종에게 주어진 가치를 왜곡하거나 논리적인 사고의 장해로 인하여 협력-상생 대상인 동종인 인간을 해치는 행위는, 일종의 자해적인 행위이기 때문에 자연스럽게 퇴화될 수밖에 없게 되는 것이다.

따라서 인간종의 미래는, 자연에서 주어진 자유와 윤리 등의 고차원적 가치를 바탕으로 하는 '사회적인 동물'로서 생존과 협력의 가치를 터득하거나, 또는 논리적인 사고로 다툼보다 협력이 더 이롭다는 것을 아는 이성적인 인간 즉, 자아실현자, 천사, 성인, 도사들처럼 다투지 않고 서로 도와가면서 행복하게 사는 사람들로 가득 찬 세상으로 발전해가게 될 것이다.

그때가 되면 인간종은, 성경의 주기도문에 나오는 '아버지의 뜻이 하늘에서와 같이 땅에서도 이루어지는 세상'에서 영원한 복락을 누리게 될 것이다.

지구상에 현재 살고 있는 우리는, 인간종이 천사들처럼 행복하게 사는 미래의 세상으로 발전하도록 촉진자로서 사명을 가진다. 다시 말하면 과거의 인간종들이 이루어놓은 삶의 가치의 탑을 조금 더 높여, 이어지는 우리 다음 세대인 후손들에게 넘겨주는 중계자가 되어야 한다.

우리 모두, 주어진 역할을 다 하는 데서 보람과 행복을 느끼는 삶을 살아가도록 노력하며 살았으면 한다.

참고문헌

1. 우주의 끝을 찾아서(2014. 7. 25. 발행 이강한 지음)
2. 인류가 살고 있는 우주(2012년 오카무리 사다노리 등 5인 엮음).
3. 4시간에 끝내는 우주의 모든 것(2007 발행 하인츠 오버훔머 지음).
4. DNA의 법칙(2011. 11. 25. 발행 Transnational College of LEX 지음).
5. 진화의 키, 산소 농도 (2012. 5. 15. 발행 피터 워드 지음).
6. 사피엔스(2016. 12. 9. 발행 유발 하라리 지음).
7. 다시 쓰는 근대 세계사 이야기(2004. 발행 로버트 B. 마르크스 지음).
8. 개성의 탄생(2007. 6. 15. 발행 주디시 리치 해리스 지음).
9. 인간의 본성들(2008. 3. 31. 발행 폴 에얼릭 지음).
10. 감정의 분자(2009. 5. 8. 발행 캔더스 B. 퍼트 지음).
11. 뇌 내 혁명(2011. 8. 22. 발행 하루야마 시게오 지음).
12. 우리 본성의 선한 천사(2014. 8. 25. 발행 스티븐 핑거 지음).
13. 동기와 성격(2009. 4. 22. 발행 에이브러햄 메슬로 지음).

14. 초 협력자(2012. 11. 23. 발행 마틴 노왁-로저 하이필드 지음).
15. 신경과학과 마음의 세계(2015. 3. 10. 발행 제럴드 에델만 지음).
16. 뇌는 하늘보다 넓다(2014. 4. 23. 발행 제럴드 에델만 지음).
17. 세컨드 네이처 (2009. 7. 7. 발행 제럴드 에델만 지음).
18. 기억의 비밀 (2016. 6. 2. 발행 에릭 캔델-래리 스콰이어 지음).
19. 뇌 한복판으로 떠나는 여행(2010. 12. 20. 발행 장 디디에 뱅상 지음).
20. Younger Next year(2006. 4. 20. 발행 Chris Crowley& Henry S.Lodge 지음).
21. 가장 뛰어난 중년의 뇌(2011. 2. 23. 발행 바바라 스트로치 지음).
22. 십 대들의 뇌에서 무슨 일이 벌어지고 있나?(2012. 3. 20. 발행 바바라 스트로치 지음)
23. 뇌 의학의 첫걸음(2015. 8. 20. 발행 서대원 지음)
24. 뇌 과학의 모든 것(2013. 4. 1. 발행 박문호 지음)